中国慈展会
CHINA CHARITY FAIR

智慧中国

第七届
中国公益慈善项目
交流展示会
思想集萃

中国公益慈善项目交流展示会组委会办公室 / 编著

华民慈善基金会资助项目

中国经济出版社
CHINA ECONOMIC PUBLISHING HOUSE
北 京

图书在版编目（CIP）数据

中国智慧：第七届中国公益慈善项目交流展示会思想集萃/中国公益慈善项目交流展示会组委会办公室编著. —北京：中国经济出版社，2020. 6

ISBN 978-7-5136-6106-5

Ⅰ.①中… Ⅱ.①中… Ⅲ.①慈善事业—中国—文集 Ⅳ.①D632.1-53

中国版本图书馆 CIP 数据核字（2020）第 047896 号

责任编辑　叶亲忠
责任印制　马小宾
封面设计　华子图文

出版发行　中国经济出版社
印 刷 者　北京建宏印刷有限公司
经 销 者　各地新华书店
开　　本　710mm×1000mm　1/16
印　　张　13.25
字　　数　175 千字
版　　次　2020 年 6 月第 1 版
印　　次　2020 年 6 月第 1 次
定　　价　68.00 元
广告经营许可证　京西工商广字第 8179 号

中国经济出版社　**网址** www.economyph.com　**社址** 北京市东城区安定门外大街 58 号　**邮编** 100011

本版图书如存在印装质量问题，请与本社销售中心联系调换（联系电话：010-57512564）

序
PREFACE

新中国成立以来，中国共产党团结带领全国各族人民持续向贫困宣战，成功走出了一条中国特色扶贫开发道路，使8.5亿农村贫困人口成功脱贫（对全球减贫的贡献率超过70%），为全面建成小康社会打下了坚实基础。

当前，距离实现党中央提出的“2020年现有贫困人口全面脱贫”的目标只剩下1年的时间。截至2018年底，我国还有主要生活在深度贫困地区的1660万贫困人口没有脱贫，“三区三州”贫困发生率仍达8.2%，14个集中连片特困地区“三保障”任务依然十分艰巨。

在这脱贫攻坚的关键时期，中国慈展会作为国内唯一的国家级、综合性、国际化的慈善行业盛会，坚决扛起了动员和引导慈善力量参与扶贫事业、助力脱贫攻坚的使命担当。

乘众人之智，则无不任也；用众人之力，则无不胜也。

2019年9月20—22日，第七届中国慈展会以“聚焦脱贫攻坚，共创美好生活”为主题，搭建了党委政府、慈善力量、国内外专家学者交流对话的平台，统筹开展了1场国际公益主题研讨会、9场分议题研讨会和8场互动沙龙，邀请了200余位国内外关注减贫脱贫的专家学者，深入探讨了社会组织、企业、媒体等社会力量扶贫的经验和方向，研究了利用互联网、金融等方式扶贫的路径和方法，分享了东西部扶贫协作和“万企帮万村行动”的成熟经验和典型模式，总结宣传了脱贫攻坚的中国实践以及全球减贫的经验做法，为贫困地区、社会力量进一步做好脱贫攻坚提供了借鉴和参考，为全球减贫事业提供了中国智慧、中国方案。

“在脱贫攻坚的伟大实践中，广大慈善力量积极创新扶贫模式、拓宽扶贫渠道，已经成为专项扶贫、行业扶贫、社会扶贫三位一体扶贫大格局的重要组成部分。”

“我国实现脱贫不返贫，根本改变贫困人口的命运，实现可持续的发展，必须选择包括影响力投资在内的各种资本的力量，来支持产业扶贫、科技扶贫、教育扶贫，这样才能完成彻底扶贫的使命。”

“‘治贫先治愚，扶贫先扶智’，教育扶贫也是解决贫困地区发展最根本的手段，更是阻断贫困代际传递的重要途径。”

“扶贫是手段，可持续的发展是目标。通过发钱解决贫困，不是稳定脱贫。脱贫的真正含义，实际上就是可持续发展。”

……

在第七届中国慈展会期间，民政部副部长王爱文、全国工商联副主席谢经荣、国务院扶贫办副主任洪天云、国务院国资委副秘书长庄树新、中国红十字会总会副会长孙硕鹏、深圳市市长陈如桂等主办单位领导，以及马蔚华、王振耀、卢德之、刘文奎、福武总一郎、王端正、董方军等200余位国内外关注减贫脱贫的专家学者，在向中国特色社会主义先行示范区不断奋进的深圳，发出了全球减贫的时代号召和前沿观点。

为系统记录本届慈展会智慧成果，组委会办公室将三天会期中的精彩观点汇编成册、集萃出版，以期为中国慈善力量助力脱贫攻坚和乡村振兴提供有益借鉴。

目 录
CONTENTS

中国慈展会
CHINA CHARITY FAIR

第一章

决战贫困　大国攻坚

“困扰中华民族几千年的绝对贫困问题即将历史性地得到解决，这将为全球减贫事业做出重大贡献。”2019年10月，习近平总书记对脱贫攻坚工作做出重要指示，深刻诠释了中国打赢脱贫攻坚战的世界意义。

脱贫攻坚越往后越难，剩下的都是贫中之贫、困中之困，减贫成本更高，脱贫难度更大，是最难啃的硬骨头。“勇于担当，推动慈善事业在脱贫攻坚中发挥更大作用”“边学边思，总结完善行之有效的扶贫模式”“坚持方向，坚定不移走中国特色慈善事业发展之路”……

在中国打响脱贫攻坚“关键之役”之际，第七届中国慈展会以“聚焦脱贫攻坚，共创美好生活”为主题，围绕深度贫困地区和特殊贫困群体的脱贫需求与长远发展，引导和鼓励社会力量参与深度贫困地区脱贫攻坚工作，带动和引领社会慈善资源向深度贫困地区倾斜。

从解决温饱到摆脱贫困，从总体小康到全面小康，历史性地解决中华民族千百年来的绝对贫困问题，这将是前所未有的成就，具有世界意义，足以彪炳人类社会发展史册。

第一节　中国探索：迈向共同发展的未来

探索慈善扶贫中国方案，在脱贫攻坚中发挥更大作用

民政部副部长　王爱文

在深圳举办第七届中国公益慈善项目交流展示会之际，举办国际公益主题研讨会，邀请海内外慈善领域的专家、学者和实务工作者，以慈善与脱贫攻坚为主题进行深入交流，具有重要意义。

众所周知，中国公益慈善项目交流展示会，是国内唯一的国家级、综合性、国际化的慈善行业盛会，迄今已成功举办六届，社会成效与影响力不断扩大。据统计，前六届慈展会累计吸引了 8273 家国内外机构参展，举办各类公益慈善活动 1300 余场，对接项目 2234 个，对接金额 454 亿元，成为动员引导中国社会各界，尤其是慈善力量参与脱贫攻坚的重要平台。自 2018 年起，我们进一步将中国慈展会主题聚焦脱贫攻坚，向全社会发出慈善力量参与脱贫攻坚的时代强音。

此次开幕的第七届中国慈展会由民政部、国务院国资委、国务院扶贫办、全国工商联、中国红十字会总会、广东省政府、深圳市政府、中国慈善联合会八家单位共同举办。其中，国务院国资委、中国红十字会总会是今年新增的主办单位，标志着慈展会的影响力与日俱增。本次慈展会首设深度贫困地区专题展区，创新形式精准发力，为进一步讲好脱贫攻坚的中国故事，探索慈善扶贫的中国方案，搭建了有效的参与渠道和平台。

当前脱贫攻坚已经进入攻城拔寨的冲刺阶段，更加需要党委政府和社会各界共同努力，需要慈善力量的广泛参与，凝聚全社会扶贫力量的共同参与。借今天这个机会，本人愿就发展慈善事业、助力打赢脱贫攻坚战与大家分享三点体会与思考。

第一，担当作为，推动慈善事业在脱贫攻坚中发挥更大作用。

中国慈善事业自发展之初，就将扶贫济困作为重要使命。希望广大慈善力量坚守初心，坚决打赢打好脱贫攻坚决胜战役。聚焦一线贫困地区“两不愁三保障”等目标任务，将资金、技术、人力等资源重点投向教育、医疗、住房安全保障等领域，与政府投入互为补充，有效发挥社会扶贫的综合作用。要贯彻精准扶贫方略，坚持区域精准、对象精准和服务精准为原则，针对贫困地区，特别是深度贫困地区的短板和痛点，设计具体可行的扶贫项目，提供专业对路的社会服务，有效满足贫困地区的实际需求，增加贫困地区群众的幸福感和获得感。要在稳定脱贫基础、防止返贫方面积极作为，做好慈善力量积极参与攻坚和乡村振兴的有机衔接，探索慈善助推可持续发展的长远机制。

第二，根植实践，总结完善扶贫的有效模式。

党的十八大以来，习近平总书记带领全党、全国各族人民对贫困发起了总攻。脱贫攻坚力度之大、规模之广、影响之深、成效之显著前所未有，创造了人类减贫史上的一大奇迹。慈善组织、爱心企业、爱心组织等主体，围绕脱贫攻坚这一大主题，在生活救助、医疗教育、住房改善等领域，推出了大量慈善项目。据不完全统计，近年来全国慈善组织每年用以扶贫济困支出超过 300 亿元，仅 2017 年和 2018 年，在民政部登记的 200 多家基金会在深度贫困地区就开展了 7000 多个慈善项目，总支出达 50 多亿元，受益对象 638 万人，其中受益建档立卡贫困户 59. 7 万户。

在脱贫攻坚的伟大实践中，广大慈善力量积极创新扶贫模式、拓宽扶贫渠道，已经成为专项扶贫、行业扶贫、社会扶贫三位一体扶贫大格局的重要组成部分，希望各级民政部门和广大慈善力量，根据我国慈善扶贫的深度实践，认真总结推广慈善扶贫的经验做法，不断丰富完善慈善扶贫的有效模式。在服务国家社会发展大局过程中，彰显慈善的价值力量。

第三，坚持方向，坚定不移走中国特色慈善事业发展之路。

中华人民共和国成立70周年以来，特别是改革开放以来，我们立足中国国情和慈善事业发展的实际，砥砺奋进，创新发展，基本构建了以《中华人民共和国慈善法》为核心的新时代中国特色慈善制度体系，建立健全了党委领导、政府推动、民间运作、社会参与、各方协作的新时代中国特色慈善工作格局，走出了一条改善民生福祉、促进社会和谐的中国特色慈善事业发展之路。实践证明，中国特色慈善发展之路经受了历史的现实检验，是完全正确的。站在新的历史起点上，我们要坚持以习近平新时代中国特色社会主义思想为指导，坚持以人民为中心的发展思想，全面贯彻落实慈善法等法律法规，继续坚定不移地走中国特色慈善事业的发展之路。要传承中国优秀慈善文化，学习借鉴国际公益慈善先进理念和经验，不断培育和发展中国特色的慈善模式、慈善文化和慈善理论。要发挥政府及职能部门的推动作用，完善慈善法律法规及各项规章制度，持续释放促进慈善事业发展的制度红利。动员更多社会力量，广泛参与各项活动，加大慈善服务供给，让慈善的源泉充分涌流。要发扬改革创新精神，善用新技术、新方法。大力发展互联网+慈善，稳步探索慈善信托等金融项目，使人民群众参与慈善更加便利，慈善组织治理更加规范，慈善行业更加公开透明。要鼓励中国慈善组织以“一带一路”为契机走出去，通过开展援助，为世界其他国家和地区人民提供服务，为国际扶贫事业提供方案和经验。

衷心希望与会各位嘉宾在研讨会上畅所欲言，凝聚共识，为推动中国慈善事业蓬勃发展和打赢脱贫攻坚战贡献宝贵的经验！

"万企帮万村"：精准扶贫的民企担当与作为

全国工商联副主席　谢经荣

时间是最伟大的书写者，中国慈展会举办七年来，政治站位不断提高，连续3年以聚焦脱贫攻坚、共创美好生活为主题，用实际行动贯彻习近平总书记关于扶贫工作的重要论述精神，体系建设不断完善，公益慈善的全要素资源撮合对接成效稳步提升，标准化服务更加规范、办展办会的模式丰富多样，社会的影响不断增强，国际的声誉与日俱增。慈善文化的传播力、影响力不断提高。而我作为一个全程参与者、见证者，感到十分的欣慰，也为能够参与到其中感到十分荣幸。

历史也是惊人的相似，4年前的今天，全国工商联、国务院扶贫办、中国光彩会联合启动"万企帮万村"精准扶贫行动。如今，"万企帮万村"精准扶贫行动已成为新时代民营企业"听党话、跟党走"的实际行动，是民营企业参与脱贫攻坚的一大品牌，行动也成为习近平总书记第一个充分肯定成果的行动、第一个提出明确要求的行动、第一个亲自回信鼓励的行动。截至2019年6月底，进入到精准扶贫台账的民营企业有8.81万家，精准帮扶10.27万个村，其中建档立卡的贫困村5.53万个，帮扶建档立卡人口1163万人。特别是2017年以来，为深入贯彻落实习近平总书记关于"'万企帮万村行动'要向深度贫困地区倾斜"的重要精神，我们先后组织中国光彩事业凉山行、怒江行、宁夏行、南疆行、精准扶贫西藏行、民营企业南疆行，基本实现"三区三州"全覆盖。共计投资签约合同项目500多个，合同金额3070亿元，捐款捐物5.15亿元。"万企帮万村"行动将产业扶贫作为主攻方向，坚持扶贫与扶智相结合，通过培训贫困群众提升技能、提高自我发展的能力和动力，提振他们脱贫致富的信心和决心，通过带动他们发展生产、吸纳就业、拓宽稳定增收渠道，传达党和全国人民对他们的关心和帮助。据统计，4 年来“万企帮万村”项目产业投入 753 亿元、产业帮扶 628 万人。经测算，大概 8 千元至 1.5 万元就能够帮助一户贫困户发展种养殖业，实现脱贫。通过发展产业，企业同农民形成紧密利益共同体，企业发展、农民致富，实现了长期互利共赢。

“万企帮万村”行动 2019 年 1 月 10 日启动消费扶贫行动，采取了一系列措施推动消费扶贫。据不完全的统计，截至 2019 年 6 月，参与“万企帮万村”行动的企业，购买贫困村的农产品达到 75 亿元。本届慈展会也组织了 141 家来自深度贫困地区的扶贫产品生产企业，参与这次消费扶贫的展销活动。上个月，财政部、国务院扶贫办、全国供销合作总社联合发布《政府采购贫困地区农副产品的实施方案》，明确提出将“万企帮万村”企业的产品纳入消费扶贫的目录清单，希望各级预算单位、广大民营企业、社会各界都能够积极采购，形成人人皆愿为、人人皆可为、人人皆能为的良好氛围。

现在距离打赢脱贫攻坚战还有 467 天，我们坚信有以习近平为核心的党中央坚强领导，有科学完善的制度设计，有社会各界的踊跃参与，我们一定能够如期、全面打赢脱贫攻坚战。

汇聚脱贫攻坚的磅礴力量

国务院扶贫办副主任　洪天云

党的十八大以来，党中央把脱贫攻坚作为全面建成小康社会的底线任务和标志性指标，强调扶贫开发是全党全社会的共同责任，经过不懈努力，脱贫攻坚取得了重大成效。国家现行标准下的农村贫困人口，从 9899 万人减少到 2018 年的 1660 万人，贫困发生率由 10.2%下降到 2018 年底的 1.7%，全国 12.8 万个贫困村有 10.2 万个贫困村已脱贫，贫困群众不愁吃、不愁穿的脱困目标是党中央坚决领导的结果，是各地区各部门认真贯彻落实党中央脱贫攻坚决策部署的结果，也是社会各界全力支持、同心同力的结果。

全国的社会组织均以不同程度参与扶贫工作。据不完全统计，在这场扶贫攻坚战中，正式立项开展扶贫攻坚的社会组织有 686 家，2018 年共开展的扶贫项目总支出 323 亿元，受益建档立卡户约 63 万户，受益建档立卡贫困人口约 581 万人。扶贫办直接指导和建设了中国社会扶贫网，自 2017 年 7 月运行以来（截至 2019 年 9 月），目前注册人数已突破了 4900 万人，贫困人口发布帮扶需求超过 562 万人，对接成功率超过 70%。香港、澳门地区积极参与扶贫攻坚，香港特别行政区政府将四川南江县作为扶贫联系点，澳门特别行政区政府把贵州从江县作为扶贫联系点，实现了“一国两制”框架下的重点扶贫工作的全覆盖。

党的十九大把精准扶贫作为决胜全面小康的三大攻坚战之一。党中央要求要集中全党全社会力量，以更有力的行动、更扎实的工作攻克难中之难、坚中之坚，确保贫困地区和贫困人口与全国一道进入全面小康社会。借此机会我提三点工作上的建议供同志们参考：

一是希望通过慈展会汇聚社会扶贫的磅礴力量。坚持社会动员，凝聚各方力量脱贫攻坚，各方参与是合力，必须坚持充分发挥政府和社会两方面力量作用，构建专项扶贫、行业扶贫、社会扶贫互为补充的大扶贫格局，以调动各方扶贫工作积极性，引领市场社会协同发力，形成全社会广泛参与脱贫攻坚格局。脱贫攻坚不仅是贫困地区的事，也是全党、全社会共同的责任，需要动员和凝聚全社会力量的广泛参与。

二是希望通过慈展会对接贫困地区的迫切需求。这次展会设置脱贫攻坚的主题展馆，其中就围绕“三区三州”等深度贫困地区以及特殊贫困群体的脱贫需求，重点展示了深度贫困地区的独特资源、特别需求、特色项目、脱贫成果等，目的就是促进慈善事业与深度贫困地区的精准有效对接。

三是希望通过慈展会探索消费扶贫的创新方式。习近平总书记等中央领导同志多次对消费扶贫做出重要指示，提出明确要求，通过消费扶贫可以帮助贫困户持续增收，持续增强内生动力，完善持续脱贫长效机制，满足人民群众多元化的消费需求，有利助推农业地区供给侧结构性改革。

习近平总书记强调，要坚持动员社会力量，凝聚各方力量，不获全胜决不收兵，这既是向每一个中华儿女发出号召，也是向每个炎黄子孙提出寄托，让我们发扬光大脱贫济困、守望相助的美德，携手并进，为如期实现脱贫目标、全面建设小康社会做出贡献！

脱贫攻坚的央企担当

国务院国资委副秘书长　庄树新

脱贫攻坚战打响以来，国务院国资委和中央企业坚决贯彻落实党中央决策部署，全力以赴参战，为打赢脱贫攻坚战贡献最大努力和最大力量。

一是勇担扶贫重任，不断加大脱贫攻坚合作力度。截至 2019 年 9 月，中央企业共帮扶 276 个国家级扶贫县，还对口对接西藏 27 个县，青海省 16 个县，已有 107 个县脱贫摘帽，还承担了地方党委政府和行业部门安排的上万个村等各类帮扶任务，仅 2018 年中央企业就投入无偿扶贫资金 58 亿元，引入帮扶资金 18 亿元，带动 91 万贫困户脱贫。

二是充分发挥特长优势，不断增强贫困地区自我发展能力。中央企业广泛实施产业帮扶工作，因地制宜加快发展贫困地区特色产业，帮助贫困群众增收致富。中央企业贫困地区产业投资基金 2016 年设立以来，累计完成投资 215 亿多元，预计可带动 30 多万人直接或间接就业，增加地方税收 20 多亿元。

三是努力创造就业机会，帮助群众通过劳动摆脱贫困。中央企业通过定向招聘，利用职业技术学校开展订单制、定向制培训，设立就业车间微工厂，采取产业转移等多种方式帮助贫困群众，直接吸纳贫困群众就业或提供就业机会。

四是大力支持消费扶贫，助力贫困地区拓宽产品市场，增收脱贫渠道。中央企业大力支持消费地区农产品，积极为贫困地区农产品打造品牌，拓宽销售渠道，2018 年购买和帮助销售贫困地区农产品 12. 8 亿元。

五是坚持不断增强攻坚扶贫力量。中央企业选派上万名能力强的干部参与各类扶贫项目，真心实意为贫困群众谋好事、办好事，成为脱贫攻坚的重要力量。本届慈展会中中国石油、南方电网、华润集团等十多家中央企业参与，向社会各界展示中央企业参与脱贫攻坚的实际行动，表达中央企业打赢扶贫攻坚战的坚定决心。

当前是脱贫攻坚的决胜阶段，在习近平总书记亲自指导下，中华民族几千年来绝对贫困问题将得到历史性解决，国务院国资委和中央企业牢记总书记嘱托，扛起脱贫攻坚责任，为打赢脱贫攻坚战，全面建成小康社会做出新的最大贡献。

持续践行人类命运共同体精神

中国红十字会总会副会长　孙硕鹏

2019 年，中国慈展会以“聚焦脱贫攻坚、共创美好生活”为主题，进一步唤起公益慈善以人民为中心的初心意识，进一步增强了服务党和国家根本大局的使命。我们相信在决胜全面小康社会的关键时刻，在脱贫攻坚最紧要关口，所有公益慈善同道都愿意为消除贫困、共创美好生活奉献出自己的智慧和力量。

过去 5 年，中国红十字会总会把国际红十字会减贫扶贫的项目理念引入到中国，先后在中国 28 个省份、3000 多个贫困村援建帮扶，通过小额借贷、直接到人、滚动运作、劳动致富等模式，帮助 230 余万人实现脱贫。过去 5 年，中国红十字会聚焦健康扶贫，积极争取党和政府的支持，广泛动员社会力量，共募集投入资金 20 多亿元，为 271 万大病和重症患者实施人道救助，“红十字天使计划”“光明行”“心拯救”等人道救助项目先后荣获“中华慈善奖”。在 2500 多个乡村援建的博爱卫生员站持续推进乡村卫生，努力让乡亲们能在家门口就医。我们启动红十字会对口西部工程，组织东部 16 个省级红十字会精准扶贫西部 13 个区域，援助领域涵盖灾害救援能力、应急事故专业化等诸多方面，各项援助举措有效促进西部地区发展。

时迎互联网+公益，中国红十字会联合阿里巴巴持续推动相关扶贫项目，为身处困境、自强不息的母亲提供电商创业培训。我们与京东等互联网企业合作，持续组织全国红十字会系统众筹扶贫大赛，倡导消费与扶贫。为更好地帮扶贫困村和贫困农户销售农产品，本次慈展会我们专门开设公益厨房体验展，同时动员深圳的爱心餐馆，用放心食材烹制了小商品送到慈展会现场，吸引更多爱心人士消费农产品，帮助他们脱贫致富，诚挚欢迎各位到公益厨房品尝美味，传递一份慈善公益的情怀。

作为国际公益组织，中国红十字会总会深入践行习近平总书记倡导的共建人类命运共同体的思想，积极参与全球减贫事业，我们成立了“丝路博爱基金”，先后在巴基斯坦、阿富汗、叙利亚、伊拉克等20多个国家开展人道援助行动，帮助身处战争、疾患、迷乱的群众摆脱危难，国际影响力日益增强，增进了对外友好、促进了民心相通，彰显负责任大国的良好形象。

我们即将迎来新中国70周年的华诞，中国人民用70年时间实现了从站起来到富起来的转变，在脱贫攻坚进入最后阶段，中国红十字会决心深入贯彻落实习近平总书记关于群团工作的重要论述，紧紧围绕党和国家中心任务，进一步发挥人道领域政府的作用，加大“三区三州”脱贫攻坚行动的力度，继续组织开展“凉山行”“怒江行”“西藏行”等人道救助行动，持续实施乡村医生、基层卫生、西部儿童卫生培养计划，注重发挥东西部扶贫协作，积极开展消费扶贫，将扶贫转化为经济价值，持续践行人类命运共同体精神，努力为消除贫困贡献出自己应有的力量。在此欢迎更多公益伙伴加盟到红十字会工作当中来，让我们携手并肩，让我们为中国的脱贫攻坚做出更大的贡献。

努力在公益慈善事业中当好标杆

深圳市市长　陈如桂

慈善是中华民族的传统美德，是社会文明进步的重要标志。党的十八大以来，以习近平同志为核心的党中央高度重视慈善事业和扶贫开发工作，强调要创新慈善事业制度、动员全社会力量广泛参与扶贫事业，打好精准脱贫攻坚战，2020年全国就要建成全面小康社会，所有贫困人口都要集体奔小康。我想，在世界上没有哪个国家、哪个政党、哪个领袖有这样的魄力能够推动这样的民生发展壮举，我们要感恩党、感恩全社会各方面的帮扶力量。

深圳是一座爱心之城、慈善之城、公益之城、志愿者之城。我们始终怀着感恩改革开放、回报全国人民的情怀，扎实做好对口帮扶9个省市县的工作，大力开展广东扶贫济困日、深圳慈善日、鹏城慈善奖等系列公益慈善活动。近3年，深圳共投入财政帮扶资金240亿元，募集社会慈善资金达到160亿元，救助各类困难群体共千万人次。本次慈展会作为国家级综合性国际化的慈善盛会，以“聚焦脱贫攻坚，共创美好社会”为主题，开展系列展示、交流、推介活动，对于推动深圳的慈善事业发展都具有非常重要的意义。

2019年8月，中共中央、国务院出台了《关于支持深圳建设社会主义先行示范区的意见》（以下简称《意见》），要求深圳率先形成共建、共治、共享、共同富裕的民生发展格局，实现学有所教、老有厚德、病有良医、老有颐养、住有宜居，打造民生幸福的标杆。这也对深圳高水平发展慈善事业提出更高要求。接下来，我们将坚持以习近平新时代中国特色社会主义思想为指导，贯彻落实好《意见》的精神和要求，在民政部等国家部委和各省市的支持指导下，积极发挥慈展会平台作用，大力发展慈善事业，广泛凝聚慈善力量，助力脱贫攻坚，更好地推动先富帮后富，全民奔小康，努力在公益慈善事业发展上先行示范、当好标杆，为全面建成小康社会做出新的更大的贡献。

让我们携起手来，践行公益、传递大爱，共创一个更加幸福、更加美好的社会。

第二节　全球经验：交流互鉴，推进国际减贫合作

脱贫攻坚必须引入资本的力量

深圳壹基金公益基金会理事长、联合国可持续发展
影响力目标指导委员会成员　马蔚华

过去 20 年，在科技革命、金融创新、全球化的推动下，全球经济快速增长，财富快速集聚。在财富实现指数级增长同时，全球在减少贫困、改善卫生保健、保护环境等方面面临诸多严峻考验，尤其是贫富差距的拉大。在全球出现一些富可敌国企业的同时，还有 20 多亿人每天生活费不到 3 美元，16 亿人没有基本的卫生保障。为了应对全球问题，2015 年 9 月，中国与 193 个国家在联合国签署 2015—2030 年的可持续发展协议。

近年来，中国为了推动稳步发展做出了重大贡献，在党中央正确领导下，中国的精准扶贫取得令世界瞩目的成就。6 年间，中国的贫困人口减少了 8000 万，对全球减贫的贡献超过了 75%，得到国际社会的高度关注。世界银行认为，中国的减贫是史无前例的，中国已在扶贫方面取得重要成就，但是全球的脱贫发展还有很长的路。我们保守估计，实现扶贫的 17 个目标，每年需要 3.9 万亿美元的支持，必须引入资本的力量，也就是说，通过包括影响力投资在内的各种金融手段来解决问题。

影响力投资，就是一项投资正面的财务回报，同时也是可量化的

积极社会影响力。它的核心是用公益的理念、商业的模式、金融的工具来解决社会问题。我国实现脱贫不返贫，根本改变贫困人口的命运，实现可持续的发展，必须选择包括影响力投资在内的各种资本的力量，来支持产业扶贫、科技扶贫、教育扶贫，这样才能完成彻底扶贫的使命。

我国是一个农业大国，产业扶贫有巨大的潜力。产业扶贫是目前扶贫攻坚的一个重大举措，而产业扶贫需要给贫困地区的农民提供支持。在这方面，影响力投资可以发挥重大作用。我举一个例子，有一个叫“金丰公社”的中国首家开放的现代农业服务平台。它围绕“聚资源、建网络、做服务”三大运营理念，实现了农产品供应链上下游资源整合。最上游是联合金融机构和国际一些大的企业为贫困地区农民提供资金和技术支持；在中游向贫困家庭招募机播手；在下游通过淘宝、京东等解决农产品销售问题，还为贫困农户提供注入金融保险、农资套餐、种植信托等全方位的农业服务保障，降低贫困农户的风险。截至 2019 年 9 月服务超过了 1120 万亩耕地，服务全国 28 个省市，让今日的贫困户有能力成为明日的智慧农民，这就实现了“授人以渔”的目标。

扶贫离不开资本的支持。包括国际金融公司、蚂蚁金服在内的金融机构，它们有能力帮助越来越多的农民实现产业扶贫。扶贫的发生往往还和金融意志有关，所以要帮助农民提高能力，金融能力必不可少。“中和农信”也是影响力投资支持的普惠金融机构，这些年累计给贫困农民贷款 422 亿元，覆盖 21 个省。这些金融机构对帮助农民提高能力、脱贫致富起到重要作用。

影响力投资支持科技扶贫也是一条新路。许多地方的贫困是因为自然条件不好，靠天吃饭。影响力投资、金融资本可以支持金融科技公司，帮助农民科技扶贫。在北京有一家“佳格天地”，通过卫星和科技气候大数据服务农业，确定位置和测算种植面积并且云端储存，让农民不再靠天吃饭，而是“用天吃饭”。通过大数据为贫困农民减少耕种的风险。除此之外，还和保险公司合作，通过卫星摇杆数据，为农民提供全面、客观、高效的保险服务，到今天已经服务了 3 亿亩耕地，佳格天地的发展也得到了国内外影响力投资资本的支持。

“治贫先治愚，扶贫先扶智”，教育扶贫是解决贫困地区发展最根本的手段，更是阻断贫困代际传递的重要途径。百特教育是成立于 2009 年的教育机构，致力于服务儿童和青年，提升他们经济自立的能力，主要受益对象是 3—25 岁的农村青年和儿童。百特教育成立以后，得到国内外金融机构资本的支持。截至 2019 年 9 月，已累计覆盖 24 个省、67 个地区，服务超过了 300 万人次，其中包括来自贫困地区的留守儿童。通过教育可以根本推动农民脱贫致富。

刚才提到国际公益学院，是为我们培养公益教育，特别是培养公益基金会高管的公益教育组织。它们也是通过培训公益高管来为扶贫攻坚提供人才和力量。

脱贫攻坚实现可持续发展，不仅是中国的目标，也是全球的目标，要实现这个理想，需要政府的强大支持，需要公益慈善的巨大感召，也需要资本的力量。我相信，通过全社会的共同努力，中国扶贫攻坚的目标一定会大获全胜，全球可持续发展的目标也一定会实现。

以美育人共创美好生活

阳光未来艺术教育基金会创始人兼理事长　杨　澜

过去40年，中国社会的巨大变革创造了巨大的财富。与此同时，我们观察到，数以百万千万计的流动儿童、留守儿童，在儿童时期、青少年情感发育的关键时期，他们的情感和精神的需求遇到了很多挑战。通过艺术教育来增进情感的发展，培育我们新一代的公民，让他们有更全面的发展和全方面的素质培养，是我们基金会的一个初衷，因为我们相信教育机会的平等是社会最基础的平等，是社会的公益和正义本身。

苏联教育家苏霍姆林斯基谈到，“美蕴藏着巨大的教育力量。没有美的教育，就不可能有完整的教育。”“情感如同肥沃的土壤，知识的种子就播在土壤里，没有情感，道德就会成为枯燥无味的空话，只能成为伪君子。”

近代教育家蔡元培先生说道：“美育者，应用美学理论于教育，以陶养感情为目的者也。提倡美育，是人生美化，使人的性情寄托于美。”

扶贫必扶智，让贫困地区的孩子们接受良好的教育，是扶贫开发的重要任务，要让贫困地区的每一个孩子都接受良好的教育，让他们同其他孩子一样站在同一起跑线上，向美好的生活奋力奔跑。

过去5年，爱的启蒙儿童美意创新公益项目建立了一套比较完整的实施体系，包括美育课程开发、教师培训、孩子们的艺术之旅、艺术家校园、少年艺术团等，已经组成了良好生态系统。我们服务的对象包括打工子弟学校、乡村学校，也包括很多贫困地区的学校学龄儿童。我们制定了教学方案的活动标准，有200个课时的活动纲要，以及丰富的教案，成为一个大礼包，旨在培养孩子的感知力、想象力、表达力、审美力和创新能力。美育教育，不仅仅是要找到一两个天才儿童，而是追求每一个普通劳动者都有渠道接受审美和表达方面的熏陶和教育。

作为一个基金会，作为一个公益机构，我们也和学校、教育主管部门之间形成良性互动关系，不断设计新的方案、动员社会力量，包括培训志愿者等；不断丰富我们的美育教学内容，在教育部门的管理和指导下，与学校进行非常频繁的沟通和互补；不断增强项目实施能力和社会效益。情感主线分为：我爱生命、我爱家园、我爱生活、我爱梦想。我们曾经举办了一个美育活动："多彩的土地"。中央美院艺术家们来到打工子弟学校，给每一个孩子发了一个玻璃瓶，希望他们在过年回家的时候，装一瓶自己家乡的泥土。当孩子们把泥土带回教室的时候，就发现"哟，原来我们家乡的泥土是不一样的。有些是红色的，有些是黄色的；有一些是沙土的，有一些是黏土的"。在艺术家的帮助下，他们把泥土粘贴在一起，形成了一件艺术作品，名字就叫作"多彩的土地"。如今这幅作品成为了炎黄艺术馆永久藏品。孩子们带着家长来参观的时候，都是非常的骄傲，这是一个特别的产品。

为把学校教育和家庭教育紧密地联系在一起，我们举办了"我家拿手菜"艺术创作项目，让孩子们用绘画的方式，来表现自己家最拿手的一道菜。同时，还要自己设计海报，在学校里进行宣讲，动员同学为自己投票。我们挑选了前十位同学的家长来食堂当师傅做了可口的饭菜，大家享受不同的家乡、不同的风味、不同的食材带来的美好童年感受。

经过 5 年实践，公益项目已经惠及 70 多所学校，受益儿童达 13 万人次。我们希望打造国家鼓励、国际认可且业绩突出的专业公益慈善扶贫项目。希望同业当中有志于教育、美育发展的基金会和同仁，与我们一起携手努力用美育育人，用教育扶贫，和我们的孩子们一起共创美好生活。

努力承担更大社会责任

中国慈善联合会副会长、宁夏宝丰集团有限公司董事长、
宁夏燕宝慈善基金会理事长　党彦宝

中国提出到2020年坚决打赢脱贫攻坚战，不落下一人，整体消除绝对贫困，实现全面建成小康社会目标，让全国人民都过上好日子。习近平总书记指出：打赢脱贫攻坚战，要精准扶贫，精准发力，扶真贫、真扶贫；扶贫必扶智，让贫困地区的孩子接受良好教育，是阻断贫困代际传递的治本之策。打赢脱贫攻坚战是我们国家的大战略。作为民营企业家，我们有责任、有义务积极履行企业社会责任，找准方向，瞄准靶心，认真参与到精准扶贫中来。

宁夏的六盘山地区，也就是西海固地区，素有“苦瘠甲天下”之称，被联合国粮食开发署称为世界上“最不适宜人类生存的地区之一”，是国家确定的14个集中连片特困区之一。我们宝丰集团在宁夏成立成长、发展壮大。作为本土企业，为家乡出一份力、尽一份心，帮助家乡老百姓提高生存能力、摆脱贫困困扰，是我们义不容辞的责任。

在贫困地区很多的家庭之所以贫困，原因很多。但最深层的原因是很多的孩子接受不到良好的教育，缺乏改变命运的能力。贫困不是不可以改变，让这里的孩子接受更多更好的教育，使他们依靠教育走出大山，就能从根本上改变他们的精神面貌和命运，打破贫困壁垒。这些年来，我们按照中央关于教育扶贫的决策部署指引的方向，扎扎实实地做了一些工作。

截至2019年9月，已累计捐资19.53亿元、资助了19.79万名学生，重点对宁夏六盘山集中连片特困区的9个县区考入二本及以上的

大学生全部进行资助，每人每年资助 4000 元，直至完成学业。每年资助保持约 10 万名学生，为 10 万个家庭减轻经济负担；每年新增捐资 3 亿多元，新增资助约 3 万名学生；每年新增毕业就业 3 万名学生，成为家庭的经济支柱。燕宝慈善基金会的教育扶贫已成为全国规模最大、覆盖面最广、受益群众最多、持续时间最长、社会影响力最大的教育扶贫项目。

在这个过程中，考虑到资助学生面比较大（每年领取资助款的大约有 10 万名学生），为了确保资金全额、安全发放到受助学生手中，我们和相关银行合作，首创为每个受助学生特制奖学金银行卡，每年定期将奖学金直接存到受助学生银行卡上，点对点精准发放，既减少了中间环节、提高了效率，也节省了人力、节约了运行费用，效果非常好。

宁夏六盘山集中连片特困区 80%属于贫困家庭。青少年时期的孩子自尊心很强，特别是贫困家庭的孩子自尊心更强。他们不愿意因受到捐助而被扣上“贫困生”的帽子，烙上“贫困生”的烙印。我们对这一区域考上大学的孩子，不分贫富，实施“全覆盖、无差别”的资助，并将“助学金”改为“奖学金”。虽然只是一个字的区别，但却把资助变成了奖励鼓励和鞭策。通过这样的办法，既有效解决了贫困孩子上学难的问题，又最大程度保护了他们的自尊心，让他们在平等的环境中学习成长，努力实现人生理想。如今已经有近 10 万名受助学生顺利毕业，走上了工作岗位，有的还自己创业，家庭经济状况明显改变。

在脱贫攻坚中，宁夏自治区实施生态移民工程，把 35 万生活在极度缺水、生产生活条件极端恶劣的大山深处的贫困群众搬出大山。我们拿出 1.53 亿元，在 5000 人以上的生态移民安置区帮助建设了 9 所学校、16 所卫生院，使近万名学生在宽敞明亮、设施齐全、功能配套的教室上课，使当地群众都能够就近就医看病，既为政府分了忧，也为老百姓解了难。

我们在开展教育扶贫同时，积极投身公益性医疗、养老事业。我国老百姓受益于改革开放，平均寿命延长了十几岁。但相关资料显示，西北地区人均寿命比沿海地区短了 10 年之多。包括宁夏在内的西北地区经济欠发达，医疗卫生基础设施欠缺较多，医疗人才缺口大。同时，随着老龄化社会的到来，老年人群体越来越大，如何养老也成为一个大问题。

我们积极履行企业社会责任，响应“健康中国战略”号召，以缓解社会老龄化压力为目标，在推动医、养、教、公益事业融合发展上担当作为，支持老龄事业发展。

我们用了 5 年时间，对国际国内医疗、养老现状及痛点问题做了深入调查研究，按照国家“医疗卫生与养老服务结合发展”的战略部署，坚持“高标准建设、高品质服务、低收费运营”的公益理念，投资 100 亿元，建设“养老、医疗、教育”融合发展的创新型养老示范基地，8500 套 17000 张床位的居家养老社区，为健康老人提供居家养老服务；2100 张床位的大型综合平价医院，为老人提供医疗和健康服务，实现保健、预防、医疗全生命周期管理；全球首创将 1500 套 3000 张床位的临终关怀院作为医院一个科室，由医院的医生、护士专门为失能和临终老人提供 24 小时专业化护理服务，真正实现“尊严养老”。配套幼儿园、小学、初中、高中、大学一站式优质教育资源，方便老人替子女带孩子，减轻子女压力，同时也有效改善养老社区年龄结构，让老年人有一个幸福的晚年。

我们将坚持公益理念运营，养老、医疗设施及服务标准高于同行，只收取运营成本费用，让老百姓“进得来、住得起”，助力解决“老被所弃、老无所依、老无所养、老无所乐”和“看病难、看病贵”等社会问题。

公益慈善，我们一直在路上。我们将不忘创始初心、牢记时代使命，努力承担更大的社会责任，不断为减贫事业发展贡献力量，为推进社会文明进步做出更大贡献。

“直岛模式”：商业行为的真正目的是塑造文化

倍乐生控股集团名誉顾问、福武财团理事长　福武总一郎

倍乐生艺术场直岛计划，1987年由福武财团和倍乐生控股公司施行。1985年，我父亲被邀请到这个直岛上建设国际露营计划，但是很遗憾，第二年他就去世了。我就从工作地东京回到家乡，继承了家业公司，也接受了这个计划。

在日本，这是最早的国立公园，过度的城市化和现代化，造成了岛屿的衰落。我原本决心以现代技术为武器来打造直岛上的国际露营地。但当我亲自目睹大小岛现状后，就决心用现代艺术作为武器，来开展抵制现代化的运动。

倍乐生之家于1992年落成，是一个美术馆酒店。一个红南瓜成为岛上的地标。这是中国的艺术家蔡国强先生的作品，他曾为北京奥运会上演了完美的焰火作品。现在很多年轻人离岛而去，剩下的就是很多老人和荒废民居。我们对7家荒废民居进行了改造，做成了民宿和餐厅，利用既有的内容来创造新的内涵。

地中美术馆，重视周围的景观协调，因为建在地下，没有破坏岛的景观。美术馆的照明使用的是自然光。莫奈作品也来到这个岛上，建了一个像21世纪大教堂的美术馆。这个美术馆里展示了莫奈的5件作品。收藏这5件作品一共花费了22年的时间。

2013年设计的民会馆，是利用太阳能、自然风和地下水，使民会馆的空气冷却和循环，不需要用电。民会馆在英国2017年的设计奖当中被评为最优秀的新兴公共建筑。

巴西的埃里森先生的作品——丰岛美术馆，被誉为是打破常规的奇迹。看似是水滴，却没有支撑的壳体结构，水滴在一天很长的时间

里，不停从这里、那里渗出来、涌出来。就是这样一个简单的作品，表达的却是水滴有自己的意志，又在自己的意志下控制流动……

近 15 年的时间，每年访岛的人数从几千人增到 50 万人。每 3 年召开 1 次的艺术节甚至吸引游客达到 70 万人。岛内外的年轻人开了很多的民宿、饭店，使这个地区更有活力，经济也提振了。2000 年美国旅游杂志介绍了未来值得一去的世界七大场所，其中之一就是直岛。很多国际周刊都对直岛做了报道并给予极高的评价和肯定。

直岛开发的初心是自然与艺术的结合。随着我们活动的开展，我想抵制现代化和城市化的想法越来越强烈了。濑户内海的村落和岛屿，不会带给我们刺激和紧张，但是自然和文化资源却是非常丰富的。

在城市的人们会特意从远方来到岛上，他们都是喜欢艺术和自然的，因此也能保持岛屿非常好的氛围。通过与岛民的交流，我意识到，真正的幸福是不能从方便、便利性和信息娱乐中得到的。

作为一个企业家，我觉得我也要追求幸福。1995 年，我把公司的名字从福武书店改成倍乐生。倍乐生源于拉丁语，它的意思是美好的人生。企业的经营活动会扩大，但给人一生支持的公司理念不会改变。谁都想幸福，但生活在充满刺激、紧张和精神压力的大城市，幸福并非是一件易事。

什么是幸福的社区？我认为，幸福的社区是一个让老年人充满笑容的地方。老人有很多的人生经验，他们是生命大师，如果他们都不幸福，我们就不会获得真正的幸福。直岛、犬岛、丰岛上充满着长者的笑容，这是艺术让它变成了可能。

法国艺术杂志在 2010 年提出了“直岛方式”。用艺术来拯救荒废地区，并使这个社区恢复活力的方式，就是“直岛方式”。在直岛，艺术家和建筑家会到岛上进行作品创作，创作过程当中会和当地的岛民愉快、轻松地交谈，岛民也会参与到作品创造当中来，等艺术家离开了岛，大城市的年轻人又来到岛上观赏作品，年轻人会感到非常吃惊。为什么呢？因为当地老龄人的笑容非常灿烂，而且他们能够跟自己讲作品相关的知识，老龄人的知识非常渊博。直岛方式的魅力，就在于把不同年龄、不同背景的人聚集在一起。

大家看一下福武财团和福武家族及倍乐生形成的关系。财团负责运营，倍乐生公司提供股票分红。同时福武家族捐出一部分到财团，使财团成为最大的股东，现在财团每年大部分收益来自倍乐生的股票分红，这就是公益资本理论的形式。2017 年，在中国山东开展了这样一些活动，在北京公益学院成立了福武慈善中心。通过这样的方式，让贫困的人民通过集团的运作方式得到帮助。

最后，我想说三点：第一，大自然是人类最好的老师。人类从大自然中学到很多，我们应该从大自然中去学习；第二，经济至上的社会趋势是创造新事物而破坏现有的事物，这是非常危险的，因为我们破坏的就需要下一代来承担，我们要利用现有的持续改善；第三，商业活动只是经济的手段，它不是真正的目的，目的应该是在文化。

人间有爱，幸福美好生活就会到来

慈济慈善事业基金会副理事长 王端正

每一个NGO，每一个慈善团体都有一个核心思想，这个核心思想就是行动的依据，所以核心思想就是“内修外行”。所谓内修外行，内修就是要修养自己，要做好事，要帮助别人，一定是先从自己修炼，自己有这个观念和决心，有这个毅力和勇气，才能够帮助别人，否则困扰的心就来了，不敢往前进了，我们要修炼自己，“诚正信实”这是内修。

外修是“慈喜舍悲”。慈，就是人家有困难，我们解决他的困难。悲，就是把别人的痛苦拔除掉，但是人什么事情是最痛苦的，是病。把病根拔除，他的痛苦解除这是悲。喜，就是给人家快乐，如果这个社会大家都有欢喜心，人与人之间和谐相对、互爱，那么整个环境和社会就充满祥和。舍，就是付出，付出无所求。

我们把慈、悲、喜、舍化作四个具体作为，把内心的思想用每一个事业来落实。把“慈”落实为慈善事业，用帮扶的方式解决，不管是贫困、疾病、老弱。把“悲”落实到医疗事业。“喜”就用人文事业来表现，人文不只是一个口号，它要落实在生活习惯，落实在人与人之间的相互对待、礼貌这种文明的表现，素质的提升。“舍”就是教育事业，教育很重要，是希望工程。

所以慈悲喜舍被具体化为慈善事业、医疗事业、人文事业、教育事业。然后我们把慈善事业扩大，扩展到国际上，我们至今资助过100个国家，在60个国家设有分支联络处。扩展医疗事业，像很多重病和罕见疾病，只有骨髓干细胞能够医疗，我们有骨髓干细胞资料库，这个资料库救了不少的人。再把“喜”扩展到生态环保，我们把资源回收再利用，把塑料类回收回来然后研发，再制成丝，再制成布，制成毛毯，这就是城市矿产循环经济的理念。教育事业扩展到社区义工。基金会有一个庞大的义工群作为后盾帮助我们在世界各国推动我们的事业。这是我们的四大使命。

赈济的基本原则有重点、直接、尊重、务实、即时、效率。重点就是我们要形成重点地区帮扶。直接就是直接进入灾区，直接考察。我们也会尊重当地的人文或意愿。务实就是必须要精准扶贫，精准务实是我们的基本原则。即时就是要快速，动作要快，如果突然来了天灾，我们就要迅速组织动员起来投入赈灾行列。效率，讲求效率的目的就是要看它的影响力。

一定要重视讲科学，不管物质的帮助还是医疗教育卫生院所。还有人才的培训也很重要，没有办法软硬兼施，扶贫的工作就可能功亏一篑。所以要讲科学，讲文明，要提升人民的素质素养。每个人也要自助援助，自助奋斗。

这里跟各位分享老祖宗的一句话：“士不可不弘毅，任重而道远”但愿人心净化，社会祥和，无灾无难。人间有爱，就会有希望；人间有爱，幸福美好的生活就会到来。

格莱珉模式：好的金融是社会价值的倡导者

格莱珉中国总裁、中国尤努斯基金会秘书长　高　战

格莱珉是孟加拉语，是乡村的意思。格莱珉银行就是乡村银行。格莱珉银行获得过诺贝尔奖，它的创办者也经常来中国。截至 2019 年 9 月，格莱珉银行在全球 41 个国家都得到成功复制，最近几年正式在中国落地，目前在深圳就有 3 个网点，服务了接近 500 多个会员。

格莱珉模式是什么？就是帮助最典型的人构建他的朋友圈。首先，每一个需要帮助的女性，至少要形成 5 人小组，她要找到她 4 个脆弱的朋友形成 5 人小组，经过一周简单培训，就可以获得免抵押、免担保、免联保的小额贷款。其次，格莱珉银行最核心的场景就是中心会议，每周 10 个小组一起开会。这个中心会议是在固定的时间和地点，由工作人员到他的社区就近开会，而不是让他们到银行的办公室来。再次，这个社群要建设文化系统，在中国被称为符合社会主义精神文明价值的可量化指标。最后是不断循环，不断的贷款还款模式。看起来非常简单，但就这一个经典的模式，在美国经过短短的 8 年时间发展到 12 万客户，目前还在飞速发展。

我们在中国用的也是孟加拉的经典模式。第一个就是妇女小组，第二个就是每周会议，第三就是有一套文化系统。每一个基层的工作人员都会写一个名字叫作“金融善工”，我们一般会招聘非金融专业的，每一个员工至少要服务 500 个客户。

有一位西方的学者认为，好的金融不仅是资产的守护者，也是社会价值的倡导者。格莱珉每周会议，不光是收取发放贷款，而且每周要存一点，时间长了以后存很大一笔钱。这是很有趣的心理学账户，这个账户能够起到对家庭的安全等综合作用。我想说的是，研究格莱

珉银行的人直到现在还在研究，而在中国更多的是实践。虽然不投资，但是愿意复制这套经典模式，帮助中国消除贫困。目前和建设银行达成了在中国开设 19 个网点的计划，我们在河南、陕西有 10 个项目，欢迎大家参观。

第三节　圆桌论坛：共享是人类社会发展的必然趋势

圆桌主持人：

北京师范大学中国公益研究院院长　王振耀

圆桌嘉宾：

中国慈善联合会副会长、深圳市中国慈展会发展中心理事长、华民慈善基金会理事长　卢德之

倍乐生控股集团名誉顾问、福武财团理事长　福武总一郎

北京东方君公益基金会会长　董方军

王振耀：您是共享理论的发起人。您认为共享理论和公益资本理论有什么特点，有哪些合作点？

卢德之：福武总一郎先生是我的老朋友。福武先生提出公益资本理论，从资本与公益的关系、资本和共享的关系这个角度做了很多深刻的思考和内涵的挖掘，这与共享文明理论有很多的契合点。

财富是在社会当中客观存在的。人类最终一定是要找到共同的方向去奋斗。那么，这个方向就叫共享。在我看来，无论是福武先生提出的“公益资本理论”，还是比尔·盖茨提出的“慈善资本主义”，又或是制度资本主义等，我觉得实质上都是一个思想，就是资本未来的发展，最终目标是为人类做贡献。我谈的共享文明理论从内在的逻辑上，跟我上面说的几位大师应该有很多一致的地方。当然，我更多是从人类社会发展的总体方向上，以及中华文化的内涵上做挖掘，我觉得共享文明更适合中国目前的国情。

王振耀：我想问福武先生，从公益资本理论的视角，您如何看待卢德之先生的共享理论？

福武总一郎：公益不是碎片化的行为，而是必须要持续进行的。从这个意义上来说，公益资本理论是由资源，比如说股票的分红，通过这样的资源来支持维系。公益资本理论与共享理论某些地方是存在共同点的。以追求利润为中心的资本主义，是1%的有钱人独占了大部分财富，99%的人只有有限的财富。从共享经济角度看，现实中，比如知识产权专利、医疗、福利等这些可以实现人类幸福的领域专利是由一部分企业去独占的。共享经济要求尽量开放，让更多的企业能够去使用这些专利和技术。当然也可以象征性地付费，让更多企业可以使用这样为人类谋福祉的专利，这样一个想法，对社会持续健康发展是非常重要的。

从这个意义上审视，现在的以盈利为目的的资本运行体系是必须要从根本上做出改变，这是我的想法。

卢德之：我刚刚讲了无论是福武总一郎先生讲的“公益资本理论”，还是比尔·盖茨讲的“慈善资本理论”和“制度资本理论”，它都是在资本主义制度的范围内来思考的解决方案、理念和价值观。我描述的共享理念应该是超越了制度，更多是从人性和人类的趋势上来理解的，这是我的补充。

王振耀：董方军先生一方面在中国做慈善，与德之先生的共享精神很契合，另一方面又学习福武先生的“直岛模式”，您认为现在遇到的最大挑战是什么？

董方军：我觉得最大的挑战还是怎么来共享、怎么来理解，我理解德之先生的深层含义，是把经验、财富怎么来共享。实际上福武总一郎先生把“直岛模式”介绍到中国，也是一种共享。

王振耀：卢德之先生，您已经在联合国介绍过“共享理论”，是否有像福武总一郎先生这样进行倡导实践？

卢德之：联合国大会对共享理论的阐述，确实是得到了各国代表，尤其是拉美地区、非洲和亚洲地区代表的热烈支持。我想共享理论是一个这样的阐述，作为个体，肯定是要不断挖掘人性自由与寻找个人价值约束。但作为一个群体来看，是要有共同的价值的。在现代科学技术充分发达的情况下，一方面科学技术引领人类发展；另一方面，由于科学技术的发展，特别是大国之间形成互相制约的平衡力量，在共享目标实现过程中，人类社会有很多模式，这与各自的文化背景、民族特色都有很大的关联。福武总一郎先生刚刚提到的经验，对于整个人类而言，都是非常宝贵的经验。我最近写的一本书《共享论》，就试图从全球的角度、从人类发展的角度来总结这些经验，我想福武先生一定会成为我这本书很重要的主角。我也想，共享一定会成为人类社会发展的必然趋势和价值观。

王振耀：最后，我们请福武总一郎先生谈谈，在中国推行“直岛模式”有怎样的战略设想？

福武总一郎：在中国，我们跟董方军先生合作项目，是因为深圳国际公益学院牵线搭桥。直岛的做法如果能够给中国做出一些贡献，我们肯定希望尽量地推广。我经常因为工作关系来中国，也非常喜欢中国。但到目前为止去过中国的城市比较多，我希望能够多去中国乡村看一看。中国乡村跟城市的差距确实很大，如何缩小这个差距？农民对未来能不能有希望和梦想，能不能给他们提供实现希望和梦想的途径？我们希望通过改变投资方向，推动城乡差距进一步缩小。虽然我不知道在桃花岛的试验是否能成功，但我希望只要有需要的地方，有需要的农村，我都能够不遗余力把我的经验、做法介绍给大家。

王振耀：非常感谢福武总一郎先生，其实我们去年就讨论如何通过办“福武班”的方式，让大家进一步系统地学习福武总一郎先生的直岛经验和公益资本理论。

中国慈展会
CHINA CHARITY FAIR

第二章

企业聚力　助力脱贫

随着脱贫攻坚战号角吹响，企业有组织地参与扶贫工作进入了一个新的历史时期。

对于国有企业而言，参与扶贫工作是明确的政治任务。然而，出于对社会责任的自觉担当，大量民营企业也积极参与到扶贫攻坚中。在第七届中国慈展会上发布的《企业扶贫蓝皮书（2019）》数据显示，世界500强的前100家中国企业中，有75家公开披露扶贫工作信息，对国家脱贫攻坚战略的响应度为75%。

“中央企业扎实完成定点帮扶任务，发挥了排头兵的作用”“民营企业成为社会扶贫的新品牌”“外资企业成为脱贫攻坚力量的有力补充”……一场聚焦于“企业精准扶贫”的经验探讨，激荡出一连串企业精准扶贫的中国智慧。

第一节　扶贫成果：产业扶贫和电商扶贫的实践探索

时不我待，坚决打赢打好脱贫攻坚战

国务院扶贫办社会扶贫司司长　曲天军

企业履行社会责任具有鲜明的时代特征。打赢脱贫攻坚战，是当前以及今后一段时期的中心任务，更是企业最大的社会责任。正值第七届中国慈展会之际，我对长期以来关心和支持攻坚事业的社会各界朋友表示衷心的感谢，对积极参与脱贫攻坚战的企业和企业家们表示崇高的敬意。

打赢脱贫攻坚战，让贫困人口和贫困地区同全国一道进入全面小康社会，是我们党的庄严承诺。党的十八大以来，以习近平总书记为核心的党中央把扶贫工作摆到治国理政的重要位置，将其纳入“五位一体”总体布局和“四个全面”战略布局。

脱贫攻坚是企业最大的社会责任，是由其历史机遇决定的。习近平总书记 2019 年年初参加全国两会时强调，“现在距离 2020 年完成脱贫攻坚目标任务只有两年时间，正是最吃劲的时候，必须坚持不懈做好工作，不获全胜、决不收兵。”在这特殊的历史机遇期，企业更要以时不我待的精神，参与脱贫攻坚，履行社会责任。

脱贫攻坚是企业最大的社会责任，是由其国际影响决定的。为消除绝对贫困，全面建成小康社会，中国共产党和政府以及社会力量在脱贫攻坚过程中不断总结扶贫开发经验、不断探索全球减贫实践规律、不断提升脱贫攻坚质量效果。打赢脱贫攻坚战，为全球减贫树立标杆，构建人类命运共同体，对于提升我国负责任大国形象意义重大。

助力脱贫攻坚是当下企业责无旁贷的社会责任。广大企业积极参与脱贫攻坚事业，在产业扶贫、电商扶贫、消费扶贫、市场开拓等领域不断进取，成效卓著。

中央企业扎实完成定点帮扶任务，发挥了排头兵的作用。中央企业结对帮扶 246 个贫困县，占 592 个国家扶贫开发工作重点县的 41.6%，投入了大量的人力、物力、财力，带动建档立卡贫困人口 91 万人脱贫。2016 年，由国务院国资委牵头，财政部和国务院扶贫办参与发起，51 家中央企业参与首期出资，设立了央企扶贫基金，首期出资额为 122.03 亿元，到 2018 年底规模达到 154 亿元，累计投资产业扶贫项目近百个。

民营企业成为社会扶贫的新品牌。2015 年全国工商联、国务院扶贫办联合发起了民营企业“万企帮万村”精准扶贫行动。截至 2019 年 6 月底，进入“万企帮万村”精准扶贫的民营企业共 8.81 万家，精准帮扶 10.27 万个贫困村（其中建档立卡贫困村 5.53 万个），产业投入 700 多亿元，公益投入近 140 亿元，就业安置大量的贫困人口、技能培训 94.1 万人，共带动和惠及 1100 多万建档立卡贫困人口。

外资企业也成为脱贫攻坚力量的有力补充。在这一方面，中国三星、奔驰等企业发挥自身优势，扎实参与精准扶贫工作，亮点突出，帮扶成效显著。

围绕下一步企业参与扶贫工作，我提几点建议供大家参考。

一个“坚持”。坚持精准扶贫、精准脱贫的基本方略，要瞄准 832 个贫困县，12.8 万个贫困村，989 万贫困人口，无论是已脱贫的还是未脱贫的都要继续帮扶。

两个“把握”。把握产业扶贫和消费扶贫两个重点。产业扶贫是贫困地区实现脱贫和长远发展的根本之策。消费扶贫是提升贫困地区产业发展水平，直接帮助贫困群众增加收入的有效实招。

三个“完善”。一是完善“双带一促”带贫机制，二是完善数据台账，三是完善推广机制。希望企业进一步做好宣传推广，围绕帮扶方式、帮扶成效等挖掘优秀典型案例，为其他企业提供借鉴。

七十年栉风沐雨，我们党带领全国各族人民取得了一个又一个伟大胜利，久经磨难的中华民族迎来了从站起来、富起来到强起来的伟大飞跃。我们相信，在社会各界同心同德合力攻坚下，我们也一定能够如实完成打赢脱贫攻坚战，消除绝对贫困，为国家的第一个百年奋斗目标的实现奠定扎实的基础。

挖掘更多可借鉴、可复制的扶贫模式

国务院国资委科技创新和社会责任局副局长　张晓红

习近平总书记特别指出，国有企业要承担更多的扶贫开发任务，承担定点扶贫任务的企业要把帮扶作为政治任务，不能有丝毫的含糊。国务院扶贫办、中国社科院联合发布的《企业扶贫蓝皮书（2019）》中，有12家中央企业扶贫的案例入选，这些案例也是中央企业参与扶贫攻坚的典型代表。中央企业进一步立足实践，挖掘梳理更多的经验，和其他各类企业一道为脱贫攻坚贡献更多可借鉴、可复制的扶贫模式。

壮大国家综合实力，必须牢记习近平总书记的嘱托，在打赢打好脱贫攻坚战中强化担当，贡献力量，冲在前列，做出表率。国务院国资委组织指导中央企业全力以赴地参与脱贫攻坚，突出重点帮扶深度贫困地区，为打赢打好脱贫攻坚战做出最大努力，贡献最大力量。

2018年，中央企业在扶贫工作中投入无偿援助资金57.94亿元，引入帮扶资金18.15亿元，带动91.36万建档立卡的贫困群众脱贫。2016年中央企业出资设立了“中央企业贫困地区产业投资基金”，经过三期募资，基金规模已达到314.05亿元，截至2019年8月底已完成77个项目的投资决策，投资金额达164.44亿元。

截至2019年9月，中央企业结对帮扶246个国家扶贫工作重点县，此外，中央企业还对口支援西藏21个县、青海藏区16个县，承担地方党委政府、有关行业主管部门安排的包括县、乡、村各类结对帮扶任务总计上万个。

立足于自身的优势，中央企业结合贫困地区的实际，探索出各具特色的途径和模式，形成了一些行之有效的经验和方法。

一是加强投资建设。在电力、通讯、交通等基础设施建设方面为贫困地区补齐短板做出重要的贡献。

二是大力实施产业脱贫。充分发挥产业特长和资金、信息、人才等方面的优势，在贫困地区广泛实施产业帮扶项目，培育贫困地区造血机能，实现稳定脱贫。

三是进一步推动就业扶贫。把企业用工与扶贫工作相结合，着力培养加强贫困群众的劳动技能，帮助贫困群众通过辛勤劳动摆脱贫困。

四是开展教育扶贫。有力支持贫困地区教育事业发展，阻断贫困代际遗传。

五是参与健康扶贫。扶持贫困地区的健康卫生事业发展，为患病群众减负、脱贫，雪中送炭、救急救难。

六是带头开展消费扶贫。为贫困地区农产品扩大消费市场，扶持培育相应产业，并积极帮助群众建渠道、树品牌，提升产品价值。

七是积极开展党建扶贫工作。发挥大型国有企业党建优势，帮助贫困地区加强党的基层组织建设，夯实党在基层贫困地区的党建根基。

八是积极探索金融手段扶贫。利用保险、期货等现代金融手段，通过市场化、自动化的运作方式来支持扶贫。

距离完成三年脱贫攻坚战的目标任务越来越近，国资委将坚决贯彻落实好党中央、国务院的决策部署，持续推动中央企业坚决完成好所承担的脱贫攻坚任务，不获全胜、决不收兵。

搭建民营企业参与脱贫攻坚大平台

全国工商联扶贫与社会服务部二级巡视员　邵　逸

2015 年，全国工商联、国务院扶贫办、中国光彩会联合启动“万企帮万村”精准扶贫行动，如今“万企帮万村”行动已发展为新时代民营企业家“听党话、跟党走”的实际行动，成为民营企业参与脱贫攻坚战的大平台。

截至 2019 年 6 月底，进入“万企帮万村”精准扶贫台账管理的民营企业有 8. 81 万家，精准帮扶 10. 27 万个村，产业投入 753. 7 亿元，公益投入 139. 1 亿元（其中不包括恒大集团捐资到位的资金 60 亿元，燕宝慈善基金会奖学金 19. 5 亿元），安置就业 66. 15 万人，技能培训 94. 1 万人，共带动和惠及 1163 万建档立卡贫困人口。

“万企帮万村”行动的显著成效离不开民营企业的广泛参与。恒大集团五年捐资 110 亿元，通过产业、就业、易地搬迁扶贫等帮扶措施，协助毕节市 72. 4 万人稳定脱贫，夯实了贫困地区发展根基；广西万寿谷集团与贫困地区开展产业合作，形成养殖、屠宰、加工、销售、产业旅游等全产业链融合发展模式，带动 3 万多贫困人口脱贫；北京字节跳动科技有限公司发挥抖音、今日头条等产品的信息优势，对贫困山区旅游资源和扶贫产品导入流量，推动消费扶贫升级。刚刚入选 2019 年中国企业扶贫优秀案例的民营企业，如碧桂园、华夏幸福、伊利实业、温氏集团、平安银行等，它们在扶贫工作中的创新进一步丰富了我国脱贫攻坚伟大实践。

“万企帮万村”精准扶贫行动成果，不仅体现在帮扶了多少贫困村、使多少贫困人口脱贫，更关键的是在模式创新上迈出重要步伐，为全国推进脱贫攻坚在思路上提供有益借鉴。

过去4年，以“万企帮万村”为平台，我们先后组织中国光彩事业凉山行、怒江行、南疆行、精准扶贫西藏行、民营企业南疆行，基本实现“三区三州”全覆盖，共计投资签约合同项目500多个，合同金额3070.76亿元，捐款捐物5.15亿元。虽然脱贫攻坚取得重大决定性成就，但剩下的都是难中之难，事关脱贫攻坚战决胜成败。特别是深度贫困地区，脱贫工作依然艰巨，义务教育、基本医疗、住房安全和饮水安全等方面还存在着薄弱环节。

下一步，“万企帮万村”行动将继续坚持精准扶贫、精准脱贫基本方略，突出产业扶贫优势，构建脱贫长效机制，不断加深对深度贫困地区倾斜支持力度，同时要立足当下，着眼长远，做好“帮村脱贫”与“促村振兴”的有效衔接，切实发挥好民营企业的特色优势，把党中央、国务院打赢脱贫攻坚战的部署落实好、贯彻好，把广大企业的扶贫力量凝聚起来，推动“万企帮万村”提质升效、提档升级，为实现两个百年目标做出更大的贡献。

打造慈善事业健康发展的良好环境

中国慈善联合会副会长兼秘书长　刘福清

慈展会规模越来越大，规格越来越高，而且量也特别多，今年第七届中国慈展会，国务院国资委、中国红十字会总会经过民政部上报国务院，正式批准作为主办方之一，在原有这几个部委的力量上再次加强。国务院国资委是今年新加入的主办机构，国务院国资委也没想到，慈善组织扶贫工作做得真是出乎它们的想象。

不管是政府部门，还是央企国企，特别是像民政部主管慈善组织，这些年真是付出了巨大的努力。截至 2019 年，中国有 83 万个社会组织注册登记，在社会组织培育发展中真是遇到不少问题，我想民政系统包括一些领导也都有体会。如果没有规范管理，没有法律法规约束，也是要出大问题的，这些年不断有组织被取缔吊销或者终止活动，这的确给慈善事业带来很大伤害，所以说需要各方面力量的整合。

在脱贫攻坚这么一个重大的历史任务面前，社会组织能雪中送炭，也能解决一些突出的急难险重情况。互联网推动了捐赠的热潮，80 后和 90 后包括 00 后都参与了，虽然不像企业家慈善家捐那么多，但是笔数多，人数基数高，包括这次慈展会我们也通过腾讯开展了网络捐赠。数额不是太大，但也是一种突破。

今天大家说的慈善事业也好，社会组织也好，我想我们也特别愿意发挥慈善和社会组织包括社会工作、社会事业、研究机构的力量开展扶贫工作。因为你们有系统地研究、掌握了情况，而且有理论功底，也有很多资源在数据库中。好多嘉宾提的亮点和见解，我想专家学者们也应该抓住，有些可以成为课题。我从中国慈善联合会的角度看，特别希望中国慈善事业能够健康、顺利发展，这两个词并不简单，依靠政府，同时我们自身也要自律，遵纪守法，也要规范地去运作，创造一种健康良好的环境。大家一起共同努力，争取给慈善事业、社会组织创造一个更优良、更好的环境。

互联网发展助力扶贫攻坚

中国互联网发展基金会理事长　马　利

中国进入了高速发展时期，实际上已经进入5G时代，整个的中国改革开放，特别是近20年的高速成长得益于互联网、得益于融媒体时代的基础设施建设。网络的建设，如今随手公益、场景公益已经成为很多人日常生活习惯，有的人早上一打开手机第一件事情就是要做日捐或者是月捐。

大家都知道，互联网技术的发展，可以说是日新月异。截至2019年，我们国家网民8.54亿，占总人口的73.7%，非网民只有5.4亿人。我们国家是互联网的应用大国、普及大国，那么，互联网就应该为扶贫多做贡献。习近平总书记在首届互联网大会上就指出，让互联网的发展成果惠及13亿中国人民，这就是我们基金会成立初衷。让更多的民众享受到互联网发展带来的红利。中国互联网发展基金会于2015年5月成立，与在座同行相比，我们的确还是非常年轻。

如何利用互联网助力脱贫攻坚？首先，是要发挥社会团体的整合资源平台优势。脱贫攻坚是需要全社会参与的系统工程，我们社会组织源于社会，组织社会力量、整合社会资源，应该是我们重要的工作。2016年底，我们基金会与中国扶贫基金会联合京东、阿里巴巴、中国电信、腾讯等网信企业共同发起了“网络公益扶贫联盟”，组织了100多家网信企业，共同参与了网络扶贫这个项目。2018年，我们又设立了网络扶贫的专项资金，主要是通过网上的宣传、教育、培训、资金的扶持，公益项目的多种形式，为网络工作向网络扶贫的工作纵深发展，努力营造人人参与扶贫、人人支持扶贫的良好氛围，使脱贫攻坚成为人们自觉的行为。

从2018年开始，我们两次投入了近5000万元为藏民量身定制了手机捐赠的公益项目，为西藏的7个地市和部分的乡镇贫困藏牧民捐助200万部双语（汉、藏）手机。2019年我们又增加了1.5万部，捐赠范围扩大到四川、甘肃两个藏族自治州。

2018年在西藏调研的时候，自己都没有想到效果这么好。有一个牧民拿着手机非常兴奋地告诉我，像做梦一样，还能有藏语手机，他们就可以和老家的老人、老朋友们一块儿聊天，更别说他们放牧的时候可以拿手机听歌、看电视、看新闻等。

现在的手机，已经成了藏民不可或缺的随身器官、第六感官，所以，他们的一切工作都是在手机上进行了。一次全新的尝试发扬了两种精神，藏民的信息化水平的发展不仅仅是增强了困难群众的满足感、需求、要求，更助力推动了西藏的稳步发展和长治久安。

我们基金会在陕西富平县开展双师课堂，那里的孩子对这个项目十分感兴趣。老师上课是在千里之外的课堂，同学们在大山里边就可以跟老师有问有答。

校长告诉我们，自从有了网上学习，实现了教育的均衡，也增加了孩子们的知识广度，也就是说孩子们足不出户就可以了解全世界，不仅有文化课，还有信息课程、陶艺、绘画、音乐，有个孩子非常有天赋，学了3个月就可以画画了，还给我送了一幅。

扶贫扶智就应该从娃娃抓起。我们计划在山区开展公益图书室活动，建立爱心图书室，也望在座的每一位朋友都能参与进来，1万元钱就可以建立这样的图书室。不仅如此，在江西扶贫对接会，2018年贵阳数博会，第四届、第五届世界互联网大会上，我们先后四次组织了网络企业与深度贫困地区结对帮扶，成功结对子56家企业。

我们希望全国贫困地区的群众能够通过互联网增长见识，学到本领，及时获取各方面的信息，用信息来扶贫，让他们自己去获取、去调动主动性、积极性和创造性，拉动他们的自身潜力、内生动力。

全面建成小康社会，一个民族、一个家庭、一个人都不能少。我们基金会愿意与在座的各位慈善组织、爱心企业、爱心人士和慈善受益人来共同努力，共同绘制网上网下公益慈善事业的同心圆。

脱贫攻坚离不开法律援助

中国法律援助基金会理事长、司法部原副部长　张彦珍

法律援助通过维护农村贫困人口合法权益，调解村民矛盾纠纷，开展普法宣传，促进基层部门依法行政，不断提高乡村治理体系和治理能力，提高现代化水平和质量。如果没有法律援助，贫困地区的可持续发展还是比较难以实现的，所以需要法制的全程参与，需要法律援助保驾护航。

大家知道，司法部有一个很重要的职能，一个是立法，一个是法律援助，这两项职能都和我的工作密切相关。重组后的司法部积极推进实施法制扶贫，强化了乡村执法监督，持续推动了基层的普法、守法，采取了一系列的工作举措。在这里我想跟大家讲几点：

第一，我们注重推动地方政府，把家庭暴力、虐待、遗弃以及主张适龄儿童接受教育等与妇女儿童权益密切相关的事项纳入了法律援助补充事项的范围。

第二，为讨薪的农民工提供了法律咨询，法律援助的申请，相关政策法规及司法查询等服务。我们实现了农民工欠薪问题一网通办。

第三，助力全国范围内村法律顾问的基本覆盖。目前全国有 65 万个村拥有了村法律顾问。近 20 万名律师、基层法律服务者参与了这项工作，建立了村一级法律顾问群 40 多万个。

第四，大力推进法律乡村建设。中国法律援助基金会是司法部直接管理的社会组织，1997 年成立，到现在已经 22 年了。在司法部的坚强领导下，为了推进法制建设和法制扶贫，基金会也做出了积极的努力。

一是派驻法律援助律师到中西部偏远地区服务。现在全国的律师

有43万人，但是有的县一个律师也没有。广东有4300名律师，但很多县律师资源非常匮乏。在西方国家，律师服务是穷人享受不起的奢侈品，而在我国，中国法律援助基金会通过组织实施“1+1中国法律援助志愿者行动”，选拔优秀的职业律师、法学专业毕业的大学生或基层的法律服务工作者，组成“1+1队伍”，面向基层，面向贫困人口提供高质量的律师服务。从2009年到现在，项目实施已经整整十年，我们向中西部400多个区（县）派驻了1100多人次的法律援助志愿者，办理了法律援助案件6.6万余件，化解矛盾纠纷1万余起，开展普法宣传和法制讲座2万余场次，每年直接受益的群众达1600余万人，为群众挽回的经济损失39.8亿元。我们有一个律师他自己双手都没有了，但是他本人以顽强的毅力通过了司法考试，成为了一名律师。他本来是需要别人帮助的残疾人，却加入到了“1+1队伍”当中来，去帮助别人。我们有个广西的律师在办案过程中牺牲在了工作岗位上；今年一位叫陈栋（音）的律师刚到西藏就去世了，永远留在了西藏高原。他们是用生命做法律援助。

二是积极争取了中央专项彩票公益金维护农民工、老年人、未成年人、残疾人和低收入妇女的合法权益。这五类人群大多属于农村贫困人口，我们通过这个项目，为他们免费提供调解或者代理诉讼等法律服务。截至2019年8月，累计投入的项目资金是8.8亿元，资助办理法律援助案件51.9万件，有73.9万人直接受益，为群众挽回的经济损失是304亿元，投入产出比是1∶30。中国法律援助基金会这个项目是先办案，经过五级审核合格以后再发项目补贴，确保项目补贴规范高效，发挥了很好的作用。

三是大力开展普法宣传，组织律师到农村农场牧区、学校、军营进行普法。我们有一位黄律师在新疆服务，每天到学校组织孩子去做公民宣誓，“我是中国人，我热爱我的祖国”，他一天不去，老百姓都说，黄老师哪儿去了，这个普法效果非常好。

四是设立了“情系农民工法律援助项目”，通过保障农民工合法权益，解决拖欠农民工工资问题。“咬住目标加油干，打赢脱贫攻坚战”。下一步，我想是要加大对贫困县法律援助的力度，对全国的每个贫困县增加10万元的中央专项彩票公益金补贴额度。其次要大力推进法制乡村建设，开创一个“律师事务所+司法所+爱心企业”的模式，建立一套法制乡村信息化的综合系统并配置标准化硬件。

下一步我们要把司法公证、司法鉴定、司法仲裁也要引入和推进法制扶贫和扶贫攻坚工作中来，我们还要创新发展“互联网+乡村振兴”等工作模式。从事法律援助工作是大慈善，造福后代子孙，我也真诚地希望大家和我们一起从事这项崇高而伟大的事业。

努力实现“重大疾病应救尽救”

中国人口福利基金会副秘书长　赵本志

中国人口福利基金会成立于1987年6月，32年来，始终秉持“增进人口福利、促进家庭幸福”宗旨，持续关注贫困地区、关爱困难群众，扎实开展了幸福工程——救助贫困母亲行动、幸福微笑——救助唇腭裂儿童、黄手环行动——关爱阿尔兹海默症老人、创建幸福家庭等一系列扶贫济困、促进健康的慈善项目和公益活动。

特别是近两年，围绕“打赢脱贫攻坚战”，中国人口福利基金会主动担当、积极作为，组织实施了“健康暖心”工程，通过“一免三助”模式实现精准扶贫，为基层医生、医疗机构及广大患者提供支持与帮助。与此同时，创新搭建中国大病社会救助平台，实现公益项目与贫困患者的精准对接，推动公益信息共享和资源整合，受到城乡百姓普遍欢迎和社会各界广泛认可。先后被人社部、原国家卫计委、国家中医药局授予“全国卫生计生系统先进集体”荣誉称号；民政部连续两年对我会强化脱贫攻坚责任担当、坚持精准施策的做法和成效通报表扬。

为建立防止因病致贫返贫长效机制，促进健康中国建设，2019年初，我们委托北京师范大学中国公益研究院开展课题研究，探索中国大病社会救助平台转型升级，推出“中国大病救助工程”，以期进一步争取政府支持，动员社会力量，整合各方资源，拓展筹资渠道，努力打造和实现“重大疾病应救尽救”的模式与目标。

健康乡村关键在人才培育

慈济事业基金会副总执行长　林碧玉

54 年来，我们坚持在 100 多个国家救灾和救助工作。我们有三个工作面向：一个是全人照顾；一个是环境保护；一个是人文，聚焦的是中国的文化自信。

这两年我们重点工作，就是在江西从事莲花县九祖祠的修缮工作，让志工到这个地方来，不只是去做修缮工作，最重要的是如何带动这个社区人与人之间的关系融洽，打造和谐社区。包括在昆明街头打造儿童健康阅读；在苏州成立了健康书屋，它是亲子的，对不管是心灵还是社会、卫生将带来巨大的社会影响。

健康乡村，关键在人才培育。我们去培育医疗人才，让一部分人未来可以深耕照顾乡村。让已经离乡的年轻人回乡服务，调动所有的村民自己来协助关怀老人、关怀社区。最后我们也不断有医护同仁到这个地方做关怀义诊的工作，照顾他们的健康。

世界卫生组织提到，2050 年十大死亡第一大疾病将是精神疾病，所以就要从现在开始防范，我们不要精神疾病，因为我们的心灵要丰富，要朝正向的角度出发。

体育强才能少年强

北京姚基金公益基金会秘书长　叶大伟

我们理事白岩松讲过，“体育不仅教会孩子们如何在规则下赢，更重要的是教会他们有尊严的输。只有敢于胜利的气质建立起来了，贫困才有可能被真正打败。”

姚明曾经在四川广安支教两个星期，别人问他最大的收获什么？他说我从孩子的眼里看到一道光，这道光是射向篮球的。我们希望帮助孩子从精神上站立起来。目前乡村孩子有三个层面不足：第一是资源不足。资源不足就是适合儿童生长教育的设施不足，比如以篮球为例，目前篮球架的高度，一米二三的小朋友根本无法操作。第二，体育师资严重不足。过去有句玩笑话，你的数学是体育老师教的。而在乡村，体育是数学老师教的，所以体育课程质量不高，同时也缺乏交流和展示平台，最后的结果就是导致第三点——体育的氛围不足。姚基金公益基金会如何解决这个问题呢？

第一，我们做专业的物资寄送，我们会配送专业的小篮球、小篮架，适合儿童生长特点的装备。

第二，会和所有师范院校的学生一起，在实习期把他们送到乡村做体育教练并组建篮球队，通过比赛激发学生积极性。

体育对孩子意味着什么？实践表明，体育从当下到未来影响孩子的成长和发育，可以让他的大脑运作得更好、更开心，他的课业表现也会更好，抑郁情绪减少，同时在社区犯罪率更低，社会参与度更高。

最后想用一句话，开启开足体育课，让孩子们在体育运动中强身健体，享受乐趣，锤炼意志，培养人格。这就是体育对乡村孩子的重要作用，我们讲少年强则国强，而只有体育强才能少年强。

第二节　强企责任：坚守企业初心，助力脱贫攻坚

平安银行：聚焦产业+金融扶贫

平安银行股份有限公司扶贫金融办公室副总经理　徐　岗

平安银行扶贫有十余年历史。早在 2005 年，平安银行成立了“扶贫委员会”，累计为农村提供保险和融资服务超万亿元。2018 年，在平安银行成立 30 周年之际，平安银行积极响应国家“精准扶贫”战略，开展“三村工程”，实施产业扶贫、健康扶贫、教育扶贫。经过一年多的探索和实践，平安银行逐渐形成集扶智培训、产业造血、一村一品、产销赋能为一体的扶贫模式。截至 2019 年 9 月中旬，累计投放产业扶贫资金 100 亿元，惠及全国 13 个省份、14 万名贫困人口。

在国务院扶贫办的指导下，平安银行开办扶智培训班，为学员提供互联网营销知识、企业管理理念。培训的形式多样，包括知识讲座、对接会、实地参观学习等。截至 2019 年 9 月，培训班已经举办 10 期，参加培训人数达 516 人。

在产业造血方面，平安银行为贫困地区产业发展提供资金支持。例如，平安银行开发养殖贷等多个贷款产品，精准推动不同地区特色产业发展。2018 年，平安银行担任联席主承销商的中国长江三峡集团扶贫短期融资券正式发行，增强金融对扶贫地区的支持。

在“一村一品”环节，平安银行开创“平安橙”“平安果”等产品，并在此基础上将优选产品纳入平安银行“三村百宝”体系，将平

安银行的金融流量转化为扶贫产品的销量。

在产销赋能环节，平安银行通过京东众筹等方式促进销售。截至2019年9月，已上线13个省份20个贫困县的160组农产品，帮助贫困县增收3200万元。

在水电行业，平安银行向水电企业发放贷款优惠利率为2.21%。投入480万元帮助新疆喀什红枣园发展，随后将红枣纳入“枣安品牌”，在各大平台销售，使枣园人均年创收1万元。

在陕西铜川培育129个乡村带头人。2019年7月平安银行董事长马明哲前往铜川调研，结合乡村带头人经营的产业，打造了“平安果”品牌，除在平安银行各大商场销售以外，还在广东省第二大农批市场开辟市场，为农产品走入广东市场奠定基础。

在贵州雷山，平安银行结合当地特色资源，开发旅游扶贫路线，打造雷山的特色旅游品牌，并推荐平安银行私人理财的高端客户到当地旅游。

在广西田东，平安银行借助京东众筹电商平台带动当地芒果销售，三周内销售出100多箱。在芒果项目上，平安银行通过科技手段，使消费者每购买一箱芒果就能看到芒果背后的扶贫故事，激发消费者扶贫热情。

遵循平安银行“金融+科技”的战略定位，除了商品溯源外，还引入了智能客服，构建监管系统和逐级发放流程。平安银行的扶贫成果得到社会各界的认可，获得中国银行协会颁发的最佳扶贫贡献奖，平安银行在广西田东的工作入选了国务院扶贫办精准扶贫案例。

碧桂园集团：筑牢贫困地区特色产业

碧桂园集团助理总裁、广东省国强公益基金会秘书长　罗劲荣

2018年，碧桂园将扶贫列为集团主业之一，与全国9省14县达成结对帮扶协议，结合扶贫创新，同步开展乡村振兴，探索可造血、可复制、可持续的精准扶贫乡村振兴道路。截至2019年6月，碧桂园集团已助力10个县宣布脱贫，共脱贫人口超过20万。其中，碧桂园已直接帮扶13万贫困人口收入超过当地脱贫线。

甘肃省临夏州东乡县是极度贫困地区，贫困率高达25.2%。2018年5月起，国强公益基金会、碧桂园集团结对帮扶东乡，组建了16人的专职扶贫队伍长驻东乡，以筑牢东乡特色产业根基为方向，从东乡羊、东乡马铃薯、东乡刺绣三大产业入手，深入落实产业帮扶项目。

2018年“双十一”期间，首创“消费扶贫月”，联合旗下子公司及合作伙伴共同参与，收购10500多只东乡羊，惠及3000多名贫困户。

2019年8月，为了进一步扩大东乡羊销量，国强公益基金会、碧桂园集团联动各区域、社会扶贫共同体成员，举办“爱在东乡”系列慈善晚宴，号召发动参与成员和单位认购东乡羊。在有赞微商城、淘宝、京东、唯品会等电商平台开设专区，让更多消费者可以品尝优质羊肉。

国强公益基金会、碧桂园集团联合甘肃省马铃薯籽种种植龙头企业，在东乡7个乡镇32个贫困村免费发放了价值200万元的马铃薯籽种，覆盖2625户未脱贫建档立卡贫困户，并提供技术指导，带动全县贫困户种植马铃薯面积约5万亩。

通过国强公益基金会下属社会企业——碧家文创公司扶持当地创

业企业，东乡刺绣也从当地妇女的业余爱好变成一门能挣钱的手艺。碧家文创公司不仅下单采购 10000 多件刺绣产品，同时也在产品的设计、包装、销售上提供更多支持。

在第七届慈展会上，国强公益基金会、碧桂园集团与东乡县政府举办重大扶贫项目对接，承诺捐赠 3 亿元建设甘肃国强职业技术学校，同时认购 5000 万元的东乡扶贫产品。

在各级党委政府的指导下，碧桂园集团发挥集团自身优势，立足贫困地区实际，坚持精准方略，切实做到精准扶贫、精准脱贫。

连樟村是碧桂园于 2017 年起开展帮扶工作的地区之一。碧桂园派驻团队进驻连樟村委会中心村开展工作，通过产业带动、义购义卖等形式助力帮扶村的产业发展，完成 70 亩高标准农田建设，帮助陆奕和等贫困户通过参与连樟村麻笋竹山分包管理脱贫致富；开展新村建设，帮助建设村文化服务中心以及环村道路、球场、水渠、路灯、防洪堤和文化广场等设施，助力乡村振兴。

2019 年 5 月 20 日，在碧桂园 9 省 14 县结对帮扶启动一周年之际，碧桂园集团、国强公益基金会联合各界社会力量共同发起“社会扶贫共同体”，联动社会各界力量，汇聚更多社会资源，有效对接贫困村、贫困户的“脱贫需求”，共同参与精准扶贫，助力打赢脱贫攻坚战。

伊利集团：共享健康扶贫成果

内蒙古伊利实业集团股份有限公司副总裁　赵　昕

没有全民的健康，就没有全面小康。为增强各族群众的获得感、幸福感、安全感，注入更多的健康活力，伊利集团从顶层设计着手，着重从健康伙伴、健康产业、健康产品、健康教育四个方面分享伊利的健康扶贫实践。

对于健康扶贫企业而言，发挥自身优势是前提，做好顶层部署是关键。对标联合国 2030 年可持续发展目标，伊利集团构建了面向未来的“共享健康可持续发展（CSD）体系”，意为“美好生活”。目前该体系由伊利统一牵头贯彻落实，其中社会公益是可持续发展委员会关注的重点领域，在委员会统筹下，我们推进健康扶贫的具体实践，致力于用健康共创美好生活。

我们深深知道，健康扶贫不是一个人、一个企业或者一个组织能完成的事，而是需要大家共同参与。我们不仅做到全员公益，还号召社会大众一起参与进来。2019 年的世界儿童日，伊利携手腾讯公益重磅推出了捐步公益活动，吸引超过 1162 万爱心人士的参与，共捐出约 1724 亿步。2019 年 6 月，在新疆喀什，我们还成功汇聚各方力量，合力攻坚，推动稳定脱贫。

脱贫攻坚战越往后，难度越大，光靠持续的输血不是长久之计，唯有造血才是根本出路。在贫困地区，伊利通过兴建工厂，为当地打造健康产业，培育新经济增长点，使当地的经济转入高质量发展，有效地解决贫困地区的劳动力流失、教育、就业问题。

例如，我们在甘肃省投资 21 亿元建设了一个绿色智能化的生产基地。该项目投产后，将提供就业岗位 1200 个以上，同时辐射带动相关产业就业达 6000 人以上。在效益方面，预期将带动当地的产值达到 80 亿元。不仅帮助当地脱贫，也为当地的小康提供了长久的保障。

2017 年，国务院明确将营养干预纳入健康扶贫工作，要求因地制宜地开展营养和膳食指导，因此伊利持续开展了一系列的公益活动，实现对贫困地区营养干预全人群覆盖。例如，中国小康牛奶行动，为孩子送去营养与关爱；国民营养计划，为儿童、孕产妇送去奶粉，让更多的婴儿体会到妈妈的味道。截至 2018 年底，伊利营养帮扶活动累计投入 5200 万元，覆盖全国 25 个省区，受益人口 60 万人。

让贫困地区的孩子们接受良好的教育，是健康扶贫的主要任务，也是阻断贫困代际传递的重要途径。2019 年江西洪灾期间，我们邀请到世界女子摔跤冠军洪燕一起到赣州市大余县东门小学，她用亲身经历告诉孩子们站起来永远比摔倒的次数要多一些，面对困难要有持之以恒将其克服的决心。随着健康成为人类的共识，政府、企业、家庭、个人都需要担负起守护健康的责任，这样健康扶贫的成果才会更加巩固，全面健康才会更加长久。

中国石化集团：加大消费扶贫力度

中国石油化工集团有限公司宣传工作部副主任　张　波

截至 2019 年 9 月，中国石化集团承担安徽岳西县和颍上县、湖南凤凰县和泸溪县、甘肃东乡县、新疆岳普湖县的定点扶贫任务，以及西藏班戈县、青海泽库县的对口支援工作。中国石化总部和所属 67 家企业承担了 758 个县、村的扶贫任务，2018 年投入扶贫资金 2.3 亿元，奋战在脱贫攻坚一线的扶贫干部 1994 人。

围绕“两不愁三保障”原则，中国石化形成覆盖教育、健康、住房、产业发展的多维度扶贫模式，进一步加大消费扶贫力度，帮助贫困地区发展特色产业，全力帮扶定点扶贫和对口支援地区实现脱贫任务。

甘肃省东乡县海拔高，气候干旱，土壤非常贫瘠，但却是藜麦种植的适宜区和优适区。自 2018 年 5 月，中国石化在甘肃省东乡县启动藜麦种植基地项目至今，东乡县藜麦种植规模从 25 亩迅速增长到 4500 亩，预计总产量达到 490 吨，亩产 110 千克。

为了更好地推广藜麦种植，中国石化将品牌化理念带入当地，为东乡藜麦特别设计了几款标识，助力当地产业可持续发展能力。从藜麦种植——加工——包装——销售——品牌化，中国石化全产业链帮扶打造扶贫产品，有效延长藜麦种植价值链。东乡地区藜麦种植已经覆盖 6 个乡镇 25 个村 1080 名贫困人口。

2015 年，中国石化帮扶凤凰县猕猴桃产业发展，帮助建立山江桃园产业基地。该基地开发面积 609 亩，种植凤凰猕猴桃 403 亩。基地始终坚持传统的种植方式，科学施肥、人工采摘、不催熟。2019 年 8 月，凤凰县取得“凤凰猕猴桃”地理标识。

2019 年 9 月，中国石化参与消费扶贫项目之一——凤凰县山江镇山江桃园产业基地“第一届猕猴桃采摘节”正式开幕，并通过中国石化易捷线上平台面向社会销售。

同月，中国石化在重庆举办扶贫商品展销会暨第二届易享节，邀请中国石化帮扶 8 个县的 29 家扶贫厂商以及 5 家中央单位、7 家中央企业定点帮扶县的 103 家扶贫厂商参展。展会共设展位 110 个，展示近 2000 种商品，其中扶贫产品 775 种。

多年来，中国石化通过“造血”扶贫，积极打造脱贫增收“活水源头”，探索出具有中国石化特色的消费扶贫模式。以“渠道扶贫、持久脱贫”为手段，以易捷便利店为依托，借助加油站连锁化、标准化、规模化的渠道优势，充分发挥线上线下平台整合营销特点，打造精准扶贫新型商业模式，提升扶贫产品价值，帮助贫困地区发展特色产业，西藏“易捷卓玛泉”、湘西凤凰猕猴桃、东乡藜麦、湘西苗族蜡染手工纯品、安徽岳西县桑枝木耳、青海泽库县牦牛肉干等扶贫产品越来越多地走进千家万户。

2018 年，中国石化直接购买贫困地区农产品金额 968.1 万元，帮助销售贫困地区农产品过亿元。2019 年第一季度，中国石化签订消费扶贫订单 1.21 亿元，所属 100 余家企业均参与实施消费扶贫。

中核集团：为精准扶贫注入强大“核能”

中国核工业集团有限公司副总经理 和自兴

党的十八大以来，中核集团坚决贯彻落实党中央、国务院脱贫攻坚战略部署。中核集团坚持扶真贫、真扶贫，走出一条富有中核集团特色的帮扶之路，为打赢脱贫攻坚战注入强大“核能”。

2018 年以来，中核集团直接无偿捐助金额超过 2.5 亿元，带动建档立卡贫困户脱贫约 2 万多户。仅 2019 年上半年，对 4 个定点扶贫县无偿捐助资金总额已超过 3000 万元，帮扶力度进一步加大。2019 年 4 月，重庆市人民政府宣布石柱脱贫摘帽，其余 3 个定点扶贫县也力争于 2019 年年底前实现脱贫摘帽。

石柱属山区，出行难和饮水难问题是长期困扰当地百姓的心头病，也是新一轮脱贫攻坚战重点解决的突出问题。中核集团通过无偿捐赠、工程帮扶等方式推进民生领域改善。累计资助 1441 万元，修建乡村公路和生产生活便道 43.33 公里、人行便桥 2 座、涵洞 1 个、饮水工程 1 个、排水沟 1 条，有效解决约 2.6 万人出行难和 3160 人饮水难问题，资助修建白鹤村、鱼池镇便民服务中心和活动中心，提升老百姓的幸福指数。

中核集团制定对外扶贫管理办法，采取扶贫产品系统内特殊扶持、集中采购、定向采购、节日福利各级工会优先购买等政策，大力推进消费扶贫。2018 年消费购买扶贫农产品金额 1165 万元，比 2017 年增长 2 倍以上，2019 年上半年购买消费农产品超过 1300 万元，提前 6 月完成全年指标。通过电商平台扩大贫困地区农产品销售面，协调本来生活网等知名电商帮助销售农产品近 300 万元。

中核集团投入 2000 万元在同心县建设中核集团同心产业园，打造扶贫亮点工程；出资设立同心防护科技公司，实现一人就业，全家脱贫；通过“以奖代补”，推进养牛养鸡等特色养殖业。投入790万元支持石柱莼菜产业发展，带动552户贫困户增收。在旬阳、白河，投资扶持的农产品深加工厂为贫困地区解决一大批人员的就业问题，加快了当地脱贫步伐。

按照“产业化组织、科技化引领、市场化运营”的思路，中核集团资助300万元支持石柱三星香米发展，打造生态、经济、扶贫效益“三增值”的示范产业。在同心县等发展风电、光伏等新能源产业；援疆项目——阿尔塔什水利枢纽工程顺利封顶，年底具备发电条件，受益人口超过400余万。

2018年至今，中核集团共投入约530万元用于教育帮扶，每年资助贫困学生总数超过2000人；设立“奖助学金”，邀请贫困县优秀学生走出大山到发达沿海地区参观，开启新思维，成功举办四届核电科普夏令营活动；联合地方慈善机构，在旬阳、白河等地捐建图书馆、图书室，打造禾苗书屋。

除捐赠医疗设备和药品外，派出集团所属医院优秀医生，为当地医院送医送药及帮助培训医务人员，2018年，为同心县培训280名医务人员，打造一支“永远不走的医疗队”。注重农村致富带头人培养，不断提高党建扶贫质量。

中核集团将深入不忘初心、牢记使命，传承优良传统，践行强核强国、造福人类的企业使命，为助力打赢脱贫攻坚战实现全面小康展示中国核工业人的力量与担当。

字节跳动：试水信息资讯扶贫

北京字节跳动科技有限公司创新事业部公共事务总经理
汪一汀

北京字节跳动科技有限公司成立于2012年，是最早将人工智能应用于移动互联网场景的科技企业之一。2017年12月底，字节跳动在贵州雷山县试水扶贫。2018年6月，字节跳动成立了专门扶贫部门，组建70余人专职团队负责扶贫与社会公益。

在扶贫工作开展前，字节跳动全面总结自身在扶贫工作方面具备的三大优势，即海量用户、人工智能、互联网信息。截至2019年9月，字节跳动所有产品日活用户超过7亿人，月活用户超过15亿人。在三农领域，字节跳动有3.2万名作者，一年能够产生500亿次阅读。在人工智能方面，能实现信息的精准分发。为此，字节跳动扶贫团队制定了三条扶贫路径——造血式扶贫，通过品牌打造与培训为贫困地区赋能；精准式扶贫，技术精准匹配供需两端，做到将消费者与农户信息精准分发，组织平台上的明星、达人、网红与社会力量参与扶贫中；带动式扶贫：流量热点带动和专业内容带动，社会力量跟进。

截至2019年9月，字节跳动已经探索了互联网公司结合自身专业介入“精准扶贫”的五种模式。

其中包括以“山货上头条”打造农产品品牌，通过与政府合作，实地走访考察国家级贫困县，并整合平台优质内容创作者和精准流量资源，推动山货上头条，助力扶贫店铺累计销售7亿元，其中7款重点山货产品提供曝光量超过60亿次，惠及20000户贫困家庭。

以“山里DOU是好风光”聚焦文旅扶贫，重点打造山西永和、贵州荔波、湖北利川等多个国家级贫困县，为全国各地的贫困县提供了近50亿次曝光。

以"益童乐园"聚焦"互联网+教育+公益"，服务易地扶贫搬迁的留守儿童。截至2019年9月，启动26个益童乐园的建设，48名专职人员动员807名志愿者，服务农村儿童79691人次，其中建档立卡贫困户儿童超过20000人。

以"三农合伙人计划"公开招募30位全国各领域个人或机构携手助力脱贫攻坚。截至2019年9月，已签约16位"三农合伙人"，共同为扶贫攻坚创造经济价值、科技价值、人文价值。

以"扶贫达人计划"培育优质内容创作者，增强贫困地区内生动力。为贫困县用户提供新媒体运营、内容运营、电子商务等方面的免费培训教育。累计共培训学员超过10000人，覆盖505个国家级贫困县，培训学员累计发布扶贫内容阅读量超过8亿。

截至2019年聚焦精准扶贫，字节跳动"金稻穗计划"宣布投入5亿元，补贴三农创作者，助力三农信息普惠。借助字节跳动旗下平台，为超过500个国家级贫困县美景好物提供130亿次曝光，已销售7亿元农产品，培训超过10000名有志于扶贫事业的平台用户，超过20000名建档立卡贫困家庭的儿童在益童乐园活动，助力脱贫攻坚。

万科：引导社区废弃物减量化

万科公益基金会秘书长　陈一梅

在扶贫议题上，万科和万科公益基金会是用协力方式做的：万科用它的专业去做最软的硬件，万科公益基金会以它的公益组织的专业知识和经验、能力，去做最硬的软件。

在乡村振兴这个方面，万科集团做了一些部署，主要是在广东的扶贫县（河源区属和陆丰区属），万科为当地建设基础设施，万科公益基金会在这时候就是用最硬的软件配上去，在万科建了基础设施之后，比如说村民的会堂、学校、幼儿园，万科公益基金会在这时候推行它持续社区的理念，诸如开启垃圾分类。这也是万科公益基金会的旗舰项目，我们叫“社区废弃物”管理，垃圾其实是非常大的环境问题，也是基层社区治理的问题。在基础设施建设上，我们把垃圾分类的内容用小学学生带动社区的方式进行教育，用硬件的垃圾筒配置、垃圾资源化的方式，把它引到社区废弃物的减量化、无害化的处理。两个由万科援建的乡村都开展了垃圾分类的工作。

在扶贫的事情上，万科和万科公益基金会是携手的，万科公益基金会是由万科集团捐资成立的专业基金会，有相对独立的基金会理事会。基金会下对标联合国可持续发展目标、可持续社区为战略目标，在环境保护、社区发展方面着力。垃圾回收问题已经成为很大的问题，既是每个人的问题，也是社区的问题，也是城市的问题、农村的问题，也是一个国家的问题，也是一个全球问题，这是万科公益基金会致力于推动的事情。

零点有数：用大数据助力脱贫攻坚

零点有数董事长　袁　岳

我们是专业做数据和研究出身的机构，要开展扶贫工作，首先要摸清底数，基本的情况到底是什么样的。很多地方形成贫困结构。到底什么地方贫，贫成什么样，这些都是利益结构的体现。

从传统社会学来看，了解社会结构就是了解真实的情况，过去经典的社会学方法是参与观察。除了参与观察之外还要有行动研究，看看钱去哪了，研究半天再改善行动，再来加以研究。所以，第一个很重要的工作就是摸清底数。如果我们简单地把人派到一个地方开始干，就会有很大的问题。

产业园区有自己的规律，上海有种花的产业园，印度尼西亚有做花的精油产业园，都有它的产业归类。从社会组织来看，社会真正解决的问题，是一个需要高度专业化才能解决的问题。这里边非常重要的是，要评估什么模式是最好的。

这个地方到底有没有算脱贫？从摸底开始，到中间的专业力量和专业性的界别，再到扶贫效果的认识、辨别，这是我们数据机构应该去做的。尽管今天有大数据，但在扶贫这件事情上真正的问题不是大数据，而是小数据。就像我到云南的山沟，没有两三百位勇士般的实地工作者了解情况是根本不可能。你可以把我们理解为侦察兵，我们密切地和大家在一起工作，用数据和用实地工作支持大家在前线的行动。

第三节　圆桌论坛：扶贫与可持续发展的关系

圆桌主持人：

北京大学法学院副教授、北京大学法学院非营利组织法研究中心主任　金锦萍

圆桌嘉宾：

中国扶贫基金会副理事长兼秘书长　刘文奎

中国发展研究基金会秘书长　方晋

碧桂园集团助理总裁　广东省国强公益基金会副理事长　李静

天津荣程联合钢铁集团董事长、荣程普济基金会理事长　张君婷

恒大集团扶贫管理公司总经理　杨慧明

上海新力公益基金会秘书长　吕基成

金锦萍：扶贫与可持续发展，对于整个人类来说是非常严峻的命题。今天圆桌讨论的嘉宾构成比较多元化，有来自于传统的扶贫界的大佬，也有新秀荣程普济基金会，还有碧桂园、中国发展研究基金会，还有恒大集团扶贫管理公司。

扶贫与可持续发展到底是什么关系？会不会因为要满足短期的扶贫目标，而忽略了长期的可持续发展的问题？会不会因为满足这代人的脱贫需求，而使得子孙后代本来可以正常发展的能力受到危害？

方晋：中国发展研究基金会作为一家全国性的基金会，在贫困地区开展了大量关于儿童教育和营养方面的项目。这些项目一开始的出发点，就是想通过对儿童早期人力资本投入，实现贫困代际传递的阻

隔。我们从一开始做的项目就是和扶贫工作结合在一起的，而且非常符合可持续发展的主题。因为我们考虑的是下一代，考虑的是未来。

金锦萍：中国基金会在20世纪80年代成立的比较少，大多数基金会是《基金管理条例》之后成立的。作为一家成立于1989年的基金会，中国扶贫基金会是怎么看待贫困地区的扶贫跟可持续发展的关系？

刘文奎：为什么要扶贫，扶贫最终实现什么样的结果？我觉得针对这个问题有两种对应关系。

第一，我认为扶贫是手段，可持续的发展是目标。通过发钱解决贫困，不是稳定脱贫。脱贫的真正含义，实际上就是可持续发展。所以，我们扶贫是手段，最后可持续的发展是要奋斗的目标。

第二，如果第一个假设关系成立了，那我觉得我们做的扶贫工作就有第二个关系，即扶贫是过程，可持续发展是结果。所有扶贫的工作都要注重可持续发展，最后按照可持续发展目标努力。

中国改革开放40年，城乡发展之间差距非常大，所以国家开展"脱贫攻坚战略"，这是中国可持续发展的巨大进步。如果没有这么大的力度，中国广大农村贫困地区、广大的贫困户，包括贫困地区的环境破坏，都很难像今天有这么大的力度。脱贫攻坚战略对于整个国家的可持续发展会带来巨大的进步。

金锦萍：我们都知道可持续发展意义特别大，不光是人类问题，还有自然、环境，不知道您怎么看？

张君婷：推动精准扶贫、可持续发展一定是非常关键的条件。我认为有两个维度：第一，消费扶贫；第二，就业扶贫。如何使农村的产品走出来，怎么与大城市做互动，产生联动关系；从就业扶贫的角度，如何让年轻人走回去。通过拉动就业，拉动经济的方式，达到可持续发展最终极的目标。

金锦萍：碧桂园是特别大的房地产公司，为何会进入到教育领域，当时有没有考虑到扶贫和可持续发展的关系？

李静：国家的政策和举措很明显地告诉我们，可持续发展就是我们追求的。如果只是输血而不是造血，它是没有生命力的。乡村振兴战略分三步走，第一步就是脱贫攻坚，就是2020年首先要脱贫，然后2035年农村基本实现现代化，再到2050年农村全面振兴。这个战略已经给我们做了很好的指引。

从集团以及基金会一些扶贫实践当中，我们也深刻地认识到了可持续是非常重要的。比如说，2018年10月习近平总书记到了广东视察，说了一句话非常重要——“产业扶贫是最直接、最根本的方法”。产业扶贫是怎么样？就是可持续发展。国际公益学院倡导“影响力投资”。我们在做慈善公益的时候，首先要注重贫困户得到帮助，其次是更多的产业金融的投资扶贫，一定要有正面回报，如果没有正面回报，它一定是不可持续的。可持续发展是脱贫的手段，它也是一个终极目标。

金锦萍：恒大成立扶贫管理公司是出于什么考虑？

杨慧明：我们在集团层面成立了扶贫办，有一个集团副总裁兼扶贫办主任，扶贫公司是具体实施扶贫工作的团队，目前扶贫工作基本上在全国遍地开花。主战场在贵州毕节。除了贵州毕节还在陕西、广东、河南等地实施帮扶工作。

我们秉持输血和造血相结合的理念。输血是阶段性的任务完成，造血是长久性的任务目标。恒大的帮扶是阶段性的，但是产业是长久性的，引进的企业是长久的经营，是社会化的运作、市场化的运作，这样它就是可持续的，也是实现了输血与造血并举的目的。作为恒大集团全资子公司，所有人员支出全部都是由恒大集团直接来负担。

金锦萍：上海新力公益基金会是如何看待扶贫与可持续发展的关系？你们的扶贫合作模式是怎样的？

吕基成：什么是人的发展？人的改变包含两个方面，首先是想法改变。当我们面对贫困户的时候，他们封闭在自己的世界，不知道改变对他们意味着什么。所以，第一步对于他们的想法改变，是要做很多的工作。教育第一步就是让人看到什么是好，这样才能推动知识、技术、行为的改变。

我们做扶贫项目，很多时候要把扶贫项目生产出来的产品再销售。一个好的项目，不是把渠道送给他，而是带着他谈合作方，这是非常重要的。我非常感谢中国扶贫基金会，它们不是把京东和阿里巴巴送给我们，而是带着我们合作社的员工一起谈。虽然一开始谈得很痛苦，但是非常有价值，他们知道怎么跟电商沟通。

金锦萍：我们怎么研发好的公益项目和扶贫项目？在这个过程当中怎么考虑目标？哪个项目是这方面考虑因素比较充分的？

刘文奎：所谓造血式扶贫：一是人的能力培养；二是可持续机制的建立。我们现在做两个品牌项目：一是电商扶贫，帮农民把产品卖好；二是旅游扶贫，改造农民的老房子，让游客进来。我们干了3件事：

第一，改变贫困户的观念。带着要做的村庄的村长和理事长去看，看别人发展起来是什么样。比如说做乡村旅游，我们说房间里边要有卫生间，最开始做的时候，村民无论如何是不同意我们在房间里做卫生间。说为什么卫生间放在屋里，臭臭的。后来我们说城里的房子，卫生间都是在房里的。我们带他们到城里看，看了之后就接受了。观念改变是第一步。

第二，建立可持续的机制。我认为可持续的机制最重要的就是要把村庄资源整合好。一个村庄大部分的人靠自己的能力很难摆脱贫困，你没有办法通过短期的培训让所有的人都获得可持续的能力，怎么办？我们要把村里能人的作用发挥起来。我们的机制就是建立合作社。我们的资源投给村里，他们建立合作社，大家都有股份。能人带着村里的人做项目，赚钱了有奖励，其他人也发展起来了。贫困户可以获得持续发展。

第三，按照事情本来的规律来做。比如说，做产业扶持项目必须对接市场，我们一开始以为很简单，我们在深圳搞了展位，市委、市政府号召一下买扶贫产品。但是，这种献爱心的方式只有一次机会，如果不好吃就不会买第二次，这是不可持续的。一开始我们简单地认为农民生产什么卖什么，后来发现不行，我们就深入到上游，要帮农民建质量标准、完善生产流程，生产出来的好东西被市场认可了才能有回头客，这才能可持续。建立可持续的能力就是做改变观念、建立机制、尊重客观规律、保护市场规律。

金锦萍：我们讲扶贫更多的是钱、是财产，甚至是食物，你的观点是会认为文化、艺术、精神方面的，这种扶贫也很重要吗?

张君婷：在过去几年，我们成立了56个民族的非遗传承中心，主要是更好地保护中国的传统匠人。我们跟200多个匠人老师一起，请他们过来培养学生和下一代，我们去年组织了5次活动，都是在“一带一路”相关国家把中国的传统文化、艺术品更好地传承与保护。刚刚前面讲到消费和就业，通过产业联动模式，可以更好地与之产生联系。

金锦萍：现在想问一下恒大。你们在选择扶贫项目时，对什么样的项目更愿意资助?

杨慧明：恒大对外的扶贫都是采用捐赠的方式。捐赠结束由当地基金会来委托我们实施扶贫项目，到后面由扶贫基金会成立专门的审计团队，或者是他们委托我们进行审计，在这个过程当中，我们不图任何经济回报。

扶贫项目的选择上，我们一直有一个观点，一定是因地制宜并可持续、可长久发展的。我们去每个地方扶贫，都通过政府介绍优质资源。我们会思考，他们的资源到底好在哪里，拿出去有没有竞争力，我们还要论证。经过大量的论证之后，我们和政府方共同地去确定项目的立项。恒大帮扶毕节，也是在中央的精神指导下，产业扶贫一批、易地搬迁一批、就业扶贫一批，剩下的两个在毕节做得少一些，保障扶贫只有一部分。就业扶贫大家知道是目前最困难的，这个方面的选择不仅仅是注重一次就业，恒大是大型的企业集团，旗下有一大堆自己的企业，还有一些上下游合作企业，有很多的合作关系，我们给当地老百姓推荐，只要他们愿意把技能培训到一定程度是有很多岗位的。但这只是一次就业，很多人去了之后不适应，或者是不满意这个岗位，怎么办？我们做的就是培训与一次就业并举，而且更重视培训，他的综合素质提高了、综合能力提高了，到社会上不仅有适应本岗位的能力，还有二次择业的能力，这样的话，即便以后没有帮扶，他在社会上也会有好的选择。

易地搬迁也是一样的。搬过来之后怎么办？不仅仅建房子、装修简易的家电，最重要的是配就业的环境，同时健全就医、就学的设施设备，这样孩子就不用担心了。再给他就业的机会、再配套商业和产业服务。

金锦萍：从研究者的视角，有一些扶贫项目由于没有考虑到可持续发展的目标，有没有一些教训希望我们吸取的？

方晋：我们在贫困地区做儿童的教育，还有营养方面的项目。但做项目不仅仅是研究和试点。一旦干预手段变成政策，所有目标人群都会受益。如果说一个项目不是很顺利，有以下几方面原因：

一是项目设计本身就有问题。可能做的调研不够深入、依据不够科学，可能不是真问题，或者是问题的方向有问题，所以就导致项目不是很理想。

二是项目设计的是真问题，真有需要解决，但在执行层面有问题。我们公益组织还是要跟当地的机构和政府合作。可能是执行力方面的问题，也有可能是合作伙伴、机制体制问题没有理顺，等等。

三是不符合成本效益的问题。特别是做试点很成功，但是推广的时候就发现不符合成本效益。

金锦萍：我们在扶贫领域有不少的教训，最大的教训是把扶贫的对象变成客体，忽略主观的东西，最后变成了只能靠别人扶才能起来的阿斗，也有可能是扶不起来的阿斗。现在的扶贫本身就可持续而言，一定要防止花了大量的资源，最后扶出一批以后还要持续地给予输血的人群，这是我们最不愿意看到的。

吕基成：我觉得在扶贫项目中做好就是三个点：人的改变、资源可及性和政策支撑。

杨慧明：我补充刚刚帮扶毕节产业扶贫上没有说的一句话：产品扶贫一方面是要建立稳固的组织模式；一定要坚持市场导向，这才是产业发展的根基，也是带动当地老百姓就地脱贫的必由之路。

张君婷：扶贫的源头需求是什么？我们作为基金会要走进这些地方、走进乡村，了解他们真实的需求，和他们共同设计公益产品，和他们共同携手来完成这样的项目。

金锦萍：服务和被服务是合作伙伴关系，绝对不是我们的客体，是共同的主体。

方晋：我还是坚持我们的理念，就是投资人力资本还是最有效的，它是确保扶贫可持续的手段。

李静：结合实践经验跟大家分享两点，这是可持续发展通过实践得出来的理论。第一，要激发内生动力，要精准了解内在需求；第二，结合当地的优势，结合自身的优势。

刘文奎：我想说脱贫攻坚计划结束的时候，扶贫的效果不应该因此结束，要实现可持续发展。第一，关注人的发展；第二，建立可持续的机制。

金锦萍：所有的贫困地区都是我们共同体不可分割的一部分。我们谈到自主创新，人的改变与人口素质的提高，提到了优化产业结构，遵循客观规律，这些问题对我们所有扶贫事业的人提出了更高的要求。它可能是永恒的事业，尽管脱贫攻坚战2020年会有阶段性的成功，但是贫困本身是流动性的，所以我们真的是任重而道远。

中国慈展会
CHINA CHARITY FAIR

第三章

社会助力　中国温度

党的十八大以来，以习近平同志为核心的党中央把脱贫攻坚作为全面建成小康社会的底线任务和标志性指标，全力打赢打好精准脱贫攻坚战。每一年，每一月，每一天，甚至每一分钟，我国贫困人口的数量都在减少……

在我国脱贫攻坚的征途中，以社会组织为主的各种社会力量作为重要一分子，提供社会服务、整合社会资源、参与社会治理，在教育扶贫、健康扶贫、社区治理、乡村振兴等多个重要领域彰显自身价值、传递大国温暖。时间是最忠实的记录者，也是最客观的见证者。在城乡的大地上，在希望的田野里，来自中国社会的各种力量，在脱贫攻坚和公益慈善领域，进行着不同层次的丰富又精准的实践，做出了独特的贡献。第七届中国慈展会多个分议题研讨会上，与会者展示出不同社会力量的特色实践与思考。

第一节　社会动员：使命担当与社会善为

脱贫攻坚中社会组织的价值与贡献

国务院扶贫办社会扶贫司副巡视员　王大洋

为全面贯彻落实党的十九大精神，坚持大扶贫格局，坚决打赢脱贫攻坚战，国务院扶贫开发领导小组于2017年印发《关于广泛引导和动员社会组织参与脱贫攻坚的通知》（以下简称《通知》）。《通知》是按照党的十九大关于动员全党全国全社会力量参与脱贫攻坚的要求，也是积极引导各级各类社会组织参与国家脱贫攻坚战略的重要指示。

社会组织参与脱贫攻坚的重要性。截至目前，全国共登记83.07万个社会组织，其中社会团体36.74万个，社会服务机构45.6万个，基金会7266个，门类种类众多，业务覆盖广泛，是我国社会主义现代化建设的重要力量，是联系爱心企业、爱心人士等社会帮扶资源与农村贫困人口的重要纽带，是动员组织社会力量参与脱贫攻坚的重要载体，是构建专项扶贫、行业扶贫、社会扶贫"三位一体"大扶贫格局的重要组成部分。参与脱贫攻坚，既是社会组织的重要责任，又是社会组织服务国家、服务社会、服务群众、服务行业的重要体现，更是社会组织发展壮大的重要舞台和现实途径。

社会组织参与脱贫攻坚的要求。具体来说，主要有以下四个方面：一是要围绕脱贫攻坚的目标任务，明确工作内容，细化任务措施。二是要坚持精准扶贫、精准脱贫基本方略，帮扶到村、到户、到人，增强工作的精准度。三是要探索创新机制，社会组织扶贫不能按老套路来做，要有创新方式，形成人人皆愿为、人人皆可为、人人皆能为的工作氛围。四是全国性社会组织要发挥示范带头作用，其他社会组织积极跟进，在打赢脱贫攻坚战中发挥重要作用。

社会组织参与脱贫攻坚的重要领域。按照《“十三五”脱贫攻坚规划》《关于打赢脱贫攻坚战的决定》等中央文件中对扶贫方式的分类，结合不同类型社会组织的专长和优势，《通知》提出倡导支持社会组织积极参与产业扶贫、教育扶贫、健康扶贫、易地扶贫搬迁、志愿扶贫等重点领域脱贫攻坚，支持社会组织参与其他扶贫行动，并提出具体措施办法。

社会组织参与脱贫攻坚的情况。民政部共登记全国性社会组织2301家。为切实发挥全国性社会组织作用，民政部采取多种措施，鼓励和支持全国性社会组织发挥优势，参与扶贫工作。2017年以来，在中央财政支持社会组织参与社会服务项目中，对参与“三区三州”等深度贫困地区开展扶贫的社会组织予以倾斜。截至目前，共立项406个，项目资金共1.77亿元。同时，召开了10场全国性社会组织参与深度贫困地区脱贫攻坚动员会，号召400余家全国性社会组织积极参与“三区三州”等深度贫困地区脱贫攻坚。目前，各全国性社会组织均已不同程度参与了扶贫工作。据不完全统计，正式立项开展脱贫攻坚的全国性社会组织共有686家，2018年共开展扶贫项目1536个，扶贫项目总支出约323亿元，受益建档立卡户约63万，受益建档立卡贫困人口约581万。

2019年，社会扶贫司于6月5日举办了全国志愿者扶贫案例征集启动会。6月12日，举办了“社会组织扶贫案例征集”项目暨《中国社会组织扶贫案例精选》启动仪式，对进一步动员社会组织参与扶贫开发，具有重要意义。此次在第七届中国慈展会主办社会组织助力脱贫攻坚交流会，主要是为社会组织参与脱贫攻坚提供政策解读，搭建经验交流平台，也是为总结提炼社会组织扶贫经验做法、加大宣传力度、发挥典型示范作用，是动员和引导社会组织参与脱贫攻坚的重要方式。承办方中国扶贫基金会还邀请了相关政府部门代表及行业专家，围绕社会组织如何参与脱贫攻坚工作进行政策解读及项目经验分享，将引导、鼓励社会组织参与脱贫攻坚工作落到实处。

中国扶贫基金会助力脱贫的具体实践

中国扶贫基金会第七届理事会副理事长　陈开枝

现在，脱贫攻坚战正处于决战决胜的关键阶段。习近平总书记多次明确指出，要动员全党全国全社会各方面力量，共同参与脱贫攻坚。国务院扶贫开发领导小组专门下发了《关于广泛引导和动员社会组织参与脱贫攻坚的通知》，对社会组织和社会各方面力量参与脱贫攻坚的目标任务、工作途径、参与方法和相关政策支持等提出了明确的指导意见。

作为以扶贫济困为宗旨的公募基金会，中国扶贫基金会要以高度的政治责任感和社会使命感、强烈的创新意识和担当精神，深刻认识社会组织参与脱贫攻坚的重要责任和重大意义，积极主动参与到脱贫攻坚主战场中来。根据精准扶贫精准脱贫基本方略要求，中国扶贫基金会努力打造创新型、落地式精准扶贫项目，努力实现重心下沉，着力瞄准特定群体——建档立卡人口；瞄准突出问题——贫困人口脱贫的主要制约因素；瞄准帮扶重点——通过群众参与式的措施方法，扶到根、扶到点、扶到位。认真总结过去落地项目群众发动不够、参与度不高、组织基础薄弱、利益联结和分配机制不合理等问题，聚焦12.8万个贫困村，瞄准建档立卡贫困户进行基线调研、科学设计和实施新项目。先后推出了包容贫困村生计、人文和环境发展的乡村振兴项目——百美村宿；以合作社为组织基础，提高贫困村产业组织化程度，进行品牌培育的电商扶贫项目——善品公社；瞄准因病致贫、因病返贫的建档立卡贫困人口的顶梁柱健康扶贫项目，以及系列教育扶贫等扶贫公益项目，对贫困地区建档立卡户提供量身定制的参与式项目进行个性化帮扶，得到贫困农户的普遍欢迎，也得到了捐赠企业与公众的认可与支持，而且锻炼培育了一批走家串户能吃苦、融入群众做工作的项目实施团队，取得了可喜的成效，扩大了社会影响力。

今后，中国扶贫基金会将进一步加大工作力度，更好地筹措整合配置社会扶贫资源，深入挖掘贫困地区“久在深山人未识”的特定产品、特殊文化等特种资源，对脱贫项目进行专业化设计；坚持以市场为主导，以贫困群众为主体，以专业合作社为主力，延伸产业链条，完善组织体系，着力培育市场机制、社会机制、群众参与机制，相融互动、互补共生的可持续发展机制；积极参与精准扶贫工作实施能力培训和实践案例研究，打造社会力量参与脱贫攻坚的协作交流平台，为精准扶贫、精准脱贫的体制机制和模式创新做出新贡献。

不忘初心，鼎力助推

中国慈善联合会副秘书长　陈冬青

自2014年以来，老牛学院先后举办三期由中国慈善联合会指导的正式培训和多项非正式活动，累计吸引近900人参与。其间，老牛基金会累计捐赠1000万元，为各类活动的顺利举办和行业交流创造了优良条件。

多年来，老牛学院始终秉持“创新”的发展理念，关注热点问题，力图将学术前沿理论、行业发展趋势、国家战略及国际形势与课程设计、教学安排进行有机结合。由于学员均为各机构负责人，普遍具有较高的基本素质，老牛学院于近两年摒弃了传统灌输式学习，开始构建交流式学习平台。在2018年第三期课程开班之时，成立了牛友会、学友会。鉴于学员在2018年慈展会上自发组织小型展览并召开交流会的成功尝试，中国慈善联合会及老牛学院决定在2019年举行一场规模更大的全天会议，旨在为每个学员提供一个更好的发展平台。常务副秘书长刘佑平老师视老牛学院为公益慈善界的黄埔军校，视老牛学员为公益慈善界的领军人物、代表人物，并希望每位学员都能够在老牛学院里面取得更好的发展。本人十分认同这种评价，亦希望将来老牛学院的学员群体能够成为公益慈善界的铁军，引领中国公益慈善行业的发展。

本届中国慈善项目交流展示会的主题为脱贫攻坚，本人亦于2019年去新疆喀什、南疆地区做调研。在中国，很多贫困地区的贫困状况甚至超过这些地方。因此，社会组织若想在脱贫攻坚的过程中“啃硬骨头”“试身手”则应真正扎根到“三区三州”，在那里奉献爱心和力量。老牛学院始终不忘培养公益慈善领军行业的初心，争做慈善行业发展的助推器，相信在各位的共同努力下，一定能够创造美好的明天。

始于星星之火

北京王府公益基金会常务副秘书长　刘　颖

2019年是新中国成立70周年，也是扶贫攻坚的关键一年。近两年，人类在科技创新方面取得诸多耀眼的成果，如马斯克的特斯拉跑车已经开进太空、冯仑的风马牛一号火箭成功发射、人类首次拍摄到黑洞。在这一时代背景下，慈善组织如何利用科技进步成果——互联网、物联网、人工智能、5G等科技手段——为慈善组织机构与项目的发展赋能？

王府公益基金会于2012年创新开展“卫星教室”项目。利用卫星技术，在贫困地区学校的教室中安装最先进的卫星接收设备、夜景大屏及自动摄像头。自动摄像头能够不断旋转以追逐授课者的一举一动，实时将其板书、表情等投影在夜景大屏上；而教室里的另外一端，授课老师也能够掌握学生们的行为举止和听课反应。目前，这一技术已应用于井冈山、延安、六盘水、玉树等贫困地区。

在我国，虽然4G信号已高度覆盖，但在传输教育资源方面，卫星技术传输更快，能实时传输不易发生卡顿，特别是在一些极端偏远的“三区三州”，由于互联网暂时无法覆盖，通过安装卫星设备后即可实现实时接收信息，比如玉树某海拔4000多米的县，需要翻越3座5000多米的雪山才能到达，沿路架设互联网光缆更是十分困难。经过考察之后，王府公益基金会向玉树当地捐赠了一所卫星教室，在2019年5月份开工，10月份已正式投入使用。通过卫星教室链接基金会背后较为成熟的课程体系和教师培训队伍，就能够及时有效解决该地区的教育问题。

从2012年执行到现在，卫星教室已连续7年为数千名学生提供了优秀的外教资源。王府公益基金会是由法政实业集团发起成立的一家企业基金会，法政集团拥有教育和医疗两大支柱板块。医疗板块，拥有北京市唯一一家民营三甲医院；教育板块，则有北京第一所国际学校，亦为北京最好的国际学校之一——北京王府学校。王府学校在国内、美国、英国、法国等国家共有 11 个校区，每年大约有 3 万~5 万学生。通过 20 多年的耕耘，已形成了十分成熟的课程体系。为了自身的建设与发展，北京王府学校通过卫星与哈佛大学、北海大学、牛津大学、剑桥大学建立起教育链接，借助卫星信号让牛津、剑桥、哈佛、斯坦福等名校的优秀教师对王府学校的学生进行授课，以及对教师进行课程培训。

2012 年，王府公益基金会创始人、北京王府学校校长王广发先生在井冈山地区调研时发现，由于国家政策变化，很多县和乡镇一级学校的硬件条件都已获得极大改善，但仍然存在着教师资源缺乏、教师队伍不稳定、先进教育理念尚未转化等软件短板。基于王府学校利用卫星技术对接美国和英国最先进教育资源的成功实践，“同样用卫星将先进教育辐射至中西部贫困地区”的想法萌生。为落实这一想法，王府公益基金会聘请北京科技大学退休英语副教授陈红燕老师作为“卫星教室”的项目顾问。一年之内，她多次前往井冈山地区进行调研，最终明确了亟需英语，尤其是口语教育资源的问题。在调研过程中，老师们普遍反映，语文、数学等义务教育课程已有较多培训机会，但是英语课程仍处于缺位状态。与此同时，学生们的英语也都停留在应试阶段，缺少与外国人沟通的机会。结束调研后，陈红燕老师立刻动员王府公益基金会的项目人员设计公益项目，并从国内外各分校选择教师共同编写英语课程。2012 年，第一间卫星教室在井冈山中学落成，并于 2013 年 3 月，在新学期伊始正式投入使用。至今，全国范围内已有 4 间卫星教室，海外卫星教室也正在建设之中。

成功并非一帆风顺，在 2012 年设计“卫星教室”时，王府公益基金会也曾遭遇一些难题。难题一是如何选择教师，以及如何鼓励教师们采用与以往完全不同的教学方式——对着墙而非与学生面对面互动——进行授课。由于王府学校的课程是国际课程，而我国中西部地区学校为公立课程体系。这需要在王府学校以及美国、英国的学校内，选择一批愿意了解公立学校课程且有能力编写一套英语教材的教师。卫星教室授课作为最早的直播室授课，教师们需要对着屏幕与摄像头上课，但多数教师都习惯于在实体课堂上与学生进行面对面的互动。经过反复动员，教师们才改变想法，愿意投入到教学中。难题二是课后学生作业的批改问题。最初，通过电子邮件的方式进行课后作业批改，随着微信技术的发展，几年前改为利用微信批改作业。难题三是时差问题。在向中西部地区投入的教育资源中，除了来自北京的师资外，还包括哈佛、牛津和剑桥等国外教师团队。他们在卫星教室内授课就必须克服时差问题，以美国北海外教团队为例，北海与中国有 13 个小时的时差，这些外教通常要在凌晨三四点钟起床。数年如一日，背后如若没有一个公益项目作驱动，这种坚守很难实现。

仅仅依靠一个公益项目和一颗卫星，就能真正改变这所学校的教育水平吗？诚然不能。卫星只是一种形式，更重要的是学生和教师，要靠人的力量。教科文中国代表处总代表欧敏行女士，在王府公益基金会一次项目发布仪式的发言致辞中就表示，基金会在开展公益项目时，应该注重培养人、调动人的力量。

从 2014 年开始，卫星教室开始迭代升级。一方面，是进程的迭代升级。将中国传统文化与英语相结合，通过英文课程将时事热点、核心价值观等教授给学生；另一方面，则是重视卫星后面的人。除直接对学生教授课程外，针对来自牛津、哈佛等学校的教师和中西部地区的教师进行培训。同年，王府公益基金会和哈佛大学签订协议，将教师培训也纳入到整体培训计划当中。

过去 7 年，卫星教室取得显著成效。仅以第一间卫星教室落地的井冈山中学为例，在 2019 年的高考中，卫星班学生的英语平均分为 126.6 分，最高的成绩为 141 分。这一成绩相较于未开设卫星课程时取得了大幅提升。2019 年 3 月，卫星教室项目成功入选联合国教科文组织全球移动教室最佳实践案例，也是中国唯一入选的项目。一位美国外教在其教学过程中曾表示，希望通过卫星教学项目增进两国教师和学生之间的联系，传递正能量。

7 年来，王府公益基金会通过卫星教室进行了精准的教育扶贫，未来将继续秉承公益初心，致力教育公平，投身精准扶贫。卫星教室项目实践充分展示了慈善组织参与脱贫攻坚的独特价值，即以行动发现问题，以行动寻找解决方案。在王府公益基金会看来，中国公益未来面临三个发展方向：第一是公众参与日益广泛。公益会逐渐成为一项人人参与的事务，而非仅有少部分人关注。甚至通过手机操作，就能参与社会公益。第二是社区治理愈发重要。周围的社区将如何发展，周围的问题应如何解决，这是人民群众共同关心的议题。第三是商业文明助力发展。中国的公益事业虽然发展很快，但与商业部门相比，仍处于相对较低的位置。将商业手段和公益心态相结合，做更多对社会有价值的事情，也是未来值得思考的问题。

公益之路固然难走，但如果能够巧妙应用一些科技手段与商业手法，也许在这条路上也能发现金矿。“始于星星之火”，中国公益的星星之火也才刚刚点燃。

慈善组织——脱贫攻坚的补充力量

泰山慈善基金会秘书长　赵　芬

泰山慈善基金会是一家5A级公募基金会，其宗旨是“弘扬慈善、传递爱心”，愿景是“让公益成为慈善，让慈善成为习惯”。成立至今，泰山慈善基金会始终围绕着“孝当先、学明智、诚立身、和为贵、国是家”五大核心思想，在“助老、助学、助医”三大领域开展公益活动。此外，公开透明是本基金会的核心生命力和永恒追求。

作为社会力量，慈善组织在脱贫攻坚战役中，主要发挥补充力量，助力扶贫。在“坚决打赢脱贫攻坚战”的政策号召下，参与脱贫攻坚是慈善组织服务国家、服务社会、服务群众、服务行业的重要体现，也是慈善组织发展壮大的重要舞台和实现途径。扶贫济困是社会组织义不容辞的责任，更是重要使命和历史担当。概括而言，慈善组织参与脱贫攻坚具有四大特点。

第一是更精准。相比于政府修路、建房等高投入、全面化模式，慈善组织更能为贫困户量体裁衣，切实满足其生活需求。政府主导，慈善组织补充，开展更为精准的活动。比如，泰山慈善基金会开展的老人春节慰问项目，在泰安地区与电信进行合作，捐助100台电视以保障当地老百姓与外界的良好沟通；在贵州荔波，为刚刚迁入城市的贫困户补充简单的家具及生活用品。

第二是更灵活。针对贫困户需求制定不同帮扶方案，慈善组织可以发挥志愿者团队的力量，链接社会资源，深入每个贫困户的家中，开展从物质帮扶到心理慰藉、从资金支持到就业指导的全方位、多形式扶贫工作。比如，基金会曾通过发放物资、沟通聊天等方式帮助一些失独老人走出心理障碍，并再次回归社会，也曾联合贵州荔波的一家企业，共同为贫困户提供就业机会。

第三是更透明。慈善组织本身就具有公开透明的义务和责任，在参与脱贫攻坚过程中，实时公开项目进度及基金使用情况，能够为公众提供了解国家脱贫攻坚过程的途径，增进公众对脱贫攻坚现状的了解，更有利于调动社会在国家脱贫攻坚行动中的自愿参与。

第四是更迅速。在精准扶贫工作中，由于组织规模较小、开展行动迅速，慈善组织机构能够有针对性地迅速解决急迫困难，深入脱贫攻坚最后一公里。而且，慈善组织的数量多、分布广，又使其能充分深入到每个有贫困户的角落，纵深发展。此外，慈善组织可募集资金、招募并调动各类专业人才，更容易与人接触。

慈善组织参与脱贫攻坚的方式有四种。首先是链接社会资源，主要包括网络筹款、企业合作、明星筹款，建立专业的志愿者队伍等；其次是开展慈善项目，针对留守儿童、失独老人等弱势群体进行专项服务；再次是一对一的产业帮扶，通过对农村农副产品及剩余劳动力的有效利用，将其转化为生产力并形成产业链，从而实现产业扶贫；最后是赋能小型社会组织，通过论坛、培训以及资助的方式，赋予小型社会组织更多能量。

慈善组织参与脱贫攻坚的优势及独特价值主要有两点。一是广泛动员全体爱心人士参与，比如基金会曾救助过一位因生病对生活失去希望的老师，在不足一天时间内，以网络公开募集的形式筹得近 20 万元善款。来自社会的爱心让他重新建立起信心与希望，目前已顺利康复，并回到教学生涯中。二是聚焦精准，深入脱贫最后一公里。以本基金会在贵州开展的一个项目为例，通过与当地爱心企业合作，每年为贫困户提供固定岗位 60 余个、临时岗位 1000 余个，其收入基本能够满足日常生活需要。

随着经济不断发展与慈善理念逐渐深入人心，慈善捐赠已具备了一定的经济和社会基础。慈善组织在开展活动中得以发展并积累了丰富的经验。《慈善法》与税收优惠制度的颁布及慈善组织登记流程的简化等，为慈善组织参与脱贫攻坚提供了坚实的法律和制度保障。此外，互联网科技日新月异，促使慈善募捐方式实现创新与突破，不断拓宽脱贫攻坚的渠道。

韧性社区——博爱家园

中国红十字基金会公共安全项目中心主任　曲永吉

在我国，中国红十字基金会是一家体量较大的公益组织，涉及慈善领域十分广泛，包括救灾、医疗、教育等。所开展的公益项目，基本面向所有最易受损的社会群体。其中，面向贫困群体的项目大约占据八至九成。在中国红十字会总会的众多项目中，比较具有特色的是韧性社区——博爱家园。

从理论层面看，社区既是一个文化、社会概念，又具有地理和空间属性。当社区遭遇自然灾害时，不仅会对社区地理面貌和空间结构造成损害，亦会影响社区里居住的人群，而且通常是整个社区的人群。在2012年联合国可持续发展大会上，中国红十字会总会和红新月会国际联合会共同提出“韧性社区”这一概念。所谓韧性，是指增强社区抗各类灾害的能力。

韧性社区主要有以下六点特征：一是具有丰富的知识；二是能够满足居民的一些需求；三是社区居民之间联系紧密；四是居民在社区内拥有收入来源，同时社区具备完善的基础设施；五是居民可以管理社区的一些资源；六是与外部存在网络联结，能够与外部交流有关社会生产等相关信息。对于韧性社区而言，不仅要降低潜在风险、危害和易受损性，还要提升应对灾害的能力，这更符合社区减灾公式的算法。目前，中国红十字基金会主要进行灾前“一元”投入的尝试，灾后“七元”效果则是未来发展目标。

从国家的相关研究和政策文件中可以看出，贫困与地理环境高度相关。近年来，中国红十字基金会已向韧性社区项目投入共6.7亿元，近期开展的项目以精准扶贫、扶贫攻坚为主。在我国，韧性社区建设最早始于2001年的社区减灾项目。随后，将该项目逐步应用于汶川地震的灾后重建工作，通过不断积累经验而壮大。2012年，中国红十字会总会开始为韧性社区项目自筹资金，截至目前，已覆盖国内外592个社区。

如前所述，韧性社区是一个国际上的理论概念，中国红十字会总会在引入我国之后，命名为博爱家园项目。尊重国际理论和实践经验，博爱家园项目仍以灾害管理作为社区治理的切入口，提升社区应对灾害的能力，促使社区可持续发展。在引入早期，主要通过承接中国红十字会总会的灾后重建项目来实现韧性社区打造。在2014年交由中国红十字基金会负责后，开始转向精准扶贫，累计投入4000余万元，建成174个分项目。其中，4个海外分项目，主要是参与国家“一带一路”相关项目建设。

韧性社区项目具体落实在四大领域：一是社区治理，邀请社区居民参与社区治理；二是减灾硬件建设，通过建设乡村绿色充电站、为村民修建防灾救灾的村民广场等，帮助社区提升硬件水平；三是防灾能力提升，比如开展卫生知识普及、防灾安全学习、防灾演练以及急救培训等；四是有关生计扶持的相关活动。

为更好地明确需求、确定问题、寻找解决方案，中国红十字基金会引进了社区易受损评估项目（英文简称VCA）。在这一过程中，邀请村民共同参与研讨，由居民共同绘制社区资源图和问题图等，借此更深入地了解社区情况和居民需求。此外，项目执行中发现，在乡村贫困地区，实际以留守儿童与留守妇女为主，他们居住的时间更长，因此项目方需更多地听取女性声音，促进女性的参与。通过借助专业志愿者等外部力量开展减灾技能和其他相关技能培训。为增强社区居民间的黏性，在项目实施过程中，组织社区居民建立互助性小组，并由居民自主管理，培养其维持项目存续的关键技能。

社区扶贫的项目，最主要的是保证居民生活来源的生计发展工作。中国红十字基金会将生计发展融入到项目中，主要以生计金的方式进行支持。生计金来源于一个由当地社区管理的基金池，需要时可从中截取资金，使用完毕放回基金池。为保证生计团队的发展，近期还举办了综合扶贫大赛，以此培训居民将产品转化为商品的能力，帮助其提升收入能力，维持可持续性、长期的收入。以在陕西宁陕开展的生态项目为例，宁陕是我国朱鹮放飞地和自然生态保护区，朱鹮主要以当地的一种虫子和小动物为食。中国红十字基金会通过帮助当地居民生产无农药的有机生态大米，既提高了居民的农业生产收入，也保护了自然生态保护区内的环境和朱鹮。此外，在宁夏盐池还开展了养羊项目，帮助居民通过养殖提高收入。

在开展博爱家园项目和其他项目的实施过程中，项目组发现，很多地区都有十分优质的特色农产品，但普遍缺乏精良的包装和辨识度。为此，项目组提出“消费即公益，公益即慈善”的理念，广泛动员整个红十字会系统内的 18 个省、自治区、直辖市和 127 个贫困县共同参与。中国红十字基金会首先对众多项目进行挑选，然后再寻找合适的公司对这些项目进行包装。同时，中国红十字基金会也会开展经营网点、产品销售等方面的培训。

此外，中国红十字基金会还组织开展了农产品大赛，2019 年所有参赛群体的销售收入总额预期能够达到 3000 万元左右。截至目前，中国红十字基金会已筛选出 100 个农产品，其中 98 个属于食品类。在慈展会展览时，还设计了一个公益厨房，邀请诸多美食主播和网红，及优质餐饮企业，将 98 类食品转化为美食。

社会组织在共建美好生活中的重要作用

四川省红十字基金会秘书长　荣道清

四川省红十字基金会成立于2010年，以400万注册资金启动，主要聚焦于救灾和救助两大领域。本人在2018年1月接手四川省红十字基金会的工作后，提出将中国红十字基金会工作思路与中国红十字会总会工作思路相契合的基本框架。根据中国红十字会总会和中国红十字基金会过去的情况与背景，确定了两大战略和两大主线。考虑到中国红十字基金会具有国际化背景，首先确立了“一带一路”战略，其次将关怀生命作为第二大战略。基于两大战略，进一步提出紧紧围绕救灾、救助两条主线构建美好生活。

在过去2年时间内，四川省红十字基金会已经极大地改善了基础薄弱的面貌。已由专职2人、兼职1人发展成为专、兼职共34人的团队。捐赠金额也由过去的100万元左右增长至2018年的2000万元，2019年年预计能够达到4000万元。四川省红十字基金会在2018年5月召开理事会，6月拿到慈善组织认定，7月底拿到公募权，8月初顺利入驻腾讯公益平台，并在2018年首次参加腾讯99公益日。2018年，公众捐赠500多万元，中国红十字会总会总部转移拨付890多万元。今年，公众捐赠已经超过1000万元，在99公益日结束后，线上线下收入共计达到2000万元。

四川省红十字基金会在共建美好生活中的作用，实际上就是搭建人道资源的共享平台。借助基金平台，公募权得以开放。在短短一年多的时间内，四川省红十字基金会从空缺（零个）发展到上百个专项基金，发展势头迅猛。除了开放公募权设立专项基金这一条线外，四川省红十字基金会紧紧围绕绿色计划和互联网筹款两条主线，使得本基金会的资金面貌和规模发生了极大的变化。

在基金平台方面，找到两个企业为基金会进行投资。在二者各投100万分别作为人道救灾战略储备金和人道救助战略储备金后，四川省红十字基金会顺利通过了2017年年检。随之进行理事会换届，进而重新拿回公募权。

在项目平台方面，目前四川省红十字基金会主要通过汇集合作伙伴的一些项目助力百姓共建美好生活。然而，由于四川省红十字基金会的基础较差且缺乏自身品牌项目，今年的99公益日尚未完全达到目标，因此今后的发展重点是自有品牌项目建设与项目平台搭建。

在活动平台方面，项目和活动是慈善组织募集资金的两个重要方面。然而，活动不仅仅是筹钱，更多的是筹人，带动更多的人参与。因此，完善活动平台、积极开展活动也是基金会的发展重点。此外，四川省红十字基金会在开展互联网平台方面起步较早，在2014年就已开通互联网平台，2015年、2016年、2017年分别参加了99公益日。互联网筹款平台是发展重点，包括民政部公布的20家机构，基本均已开通互联网筹款平台。2019年四川发生火灾当晚，四川省红十字基金会联合水滴筹共同发起互联网筹款项目，11个小时内带动104000人参与，累计募集善款304万元，平均为每个遇难者家庭送去10万元抚恤金。整体而言，四川省红十字基金会的资源募集能力已初显，比如2018年99公益日共带动30余万人次参与，2019年带动70余万人次参与；在木里火灾事件中，11个小时内带动4000人次参与。

搭建一个公益慈善资源的共享平台等同于开展联合劝募。善商沙龙是四川省红十字基金会的主打品牌，通过企业社会责任沙龙对接企业并进行劝募。在这一板块，主要通过扶持一个企业社会责任咨询服务公司和一个民办非企业单位（成都善商公益事业发展中心）共同推动，同时基金会自身也在其中发挥推动作用。通过该平台，能将更多企业与公益慈善机构对接。在短短一年多时间里，四川省红十字基金会专项基金发展至上百亿元，很大程度上得益于企业专项基金的帮助。

为保证稳定充足的资金来源，四川省红十字基金会从2018年开始重点关注服务平台的搭建以及优质服务的提供。一方面着力建设大病救助资源服务体系。救助本就是四川省红十字基金会的一条工作主线，大病救助服务平台搭建好后，不仅能够帮助更多百姓，也能够帮助更多的企业提供大病救助服务的伙伴。例如，当一个企业的员工发生重大疾病时，本平台能够第一时间为其链接公用资源并提供救助帮扶服务。于2018年开始打造大病救助平台，获得了包括水滴筹公益平台等在内的一些互联网平台的帮助。

四川省红十字基金会拥有一支强大的专业筹款团队，同时为基金会和专项基金提供技术支持服务。此外，还拥有志愿者保障服务平台。基金会致力于将志愿者保障服务打造成服务兼回馈体系，为一些志愿者提供保障服务。此外，为满足合作企业、公益伙伴的合理诉求，打造全媒体传播平台，从而更好地为项目进行宣传以筹款。总而言之，服务平台和回馈体系平台的搭建是基金会建设的重要任务。

在与企业交流后，四川省红十字基金会都会拿出体现合作模式的规划——为企业制定一套企业社会责任规划或企业社会责任战略慈善规划，以此作为后续合作与持续推动的基础。四川省红十字基金会始终围绕着专项基金、月捐计划和互联网筹款三条主线开展服务。

此外，省红十字会向红十字基金会下达三支专项基金任务：一是正在实施的退伍军人关爱援助专项基金。该基金由成都市红会和成都市退伍军人事务局于2019年在四川省红基会共同设立，要求到年底在全省推开。第二支专项基金是健康中国行动专项基金。四川省红十字基金会一直在开展与健康中国行动计划相关的工作。在国务院出台健康中国行动计划并提出成立健康中国行动基金会的要求后，中国红十字会总会和中国红十字基金会主动拟好方案，并向卫健委进行汇报，争取由中国红十字基金会成立健康中国行动专项基金，与卫健委、中国红十字会总会共同推动健康中国行动计划项目的实施，打造防治养三位一体的救助体系。第三支专项基金则是与四川省省直机关工委共同开展困难党员帮扶。除由基金会推动企业建立专项基金以外，省红十字会也要求在相应的政府部门内推动专项基金建设。

在社区方面，共有三大板块。其一为搭建博爱家园平台，将博爱家园的切入视角由社区灾害救助扩展至人道救助，与中国红十字会总会共同打造博爱家园的升级版、可持续版。其二是以“幸福社区”互联网平台为支撑，建立一支社区人道专项基金，从人道救助、人道服务的角度参与社会治理、社区管理、社区服务。其三为打造社区人道服务战略项目。该项目紧绕社区人道服务站展开，已参加今年 99 公益日众筹。除将服务站应用于社区外，还可联合企业、旅发委共同推动景区人道服务站建设。人道服务站具有拓宽空间，亟待做大做强。最终通过搭建一个平台、建立一支基金、实施一个项目，实现社区板块再布局。

社会组织在共建美好生活的过程中应承担重要责任，基金会也需筹集更多的社会资源，将政府资源和社会资源、本地资源和外部资源进行有效衔接，共同助推美好生活的建设。

善韵情怀——给予的艺术

南通市慈善总会副会长 叶沈良

慈善文化的重要意义在于，慈善是给予，是感恩，是施者向受者感恩，感谢拥有一次表达自我心情的机会，感谢受助者能以自身的努力来获得这份资助，而非受者感谢施者。慈善文化既具有厚度，又饱含温度。关于厚度，主要围绕以下六点展开。

（一）文化源流与慈善。在中华文化中，儒家学说、佛家文化、道家理论三大文化渊源始终将慈善的概念融合其中。儒家学说提出的“人性本善，止于至善”，即做最好的事，做最善的事，这是文化根基。佛家文化强调“慈悲为怀，积德行善”，是指在政治、生活、文化等多个层面上行善。道家理论讲“大道至简，上善若水”。

（二）文化演进与慈善。在中华民族的整体文化中，《三字经》《弟子规》等很多书籍在教孩子之初就把善的概念体现出来。《言善心语》中提出“行善之可嘉，不在别人夸赞，而在于自己安详。作恶之可怕，不在被人发现，而在于自己惊恐”。慈善的概念在文化中逐步演绎为每个人心里都知道的感觉。实际上，精神层次越高的人，越能够考虑到他人的事情，给人充满善良的良好感觉。文化层面的思想演进，为人们的生活带来更多价值感。

（三）文化名著与慈善。以四大名著为例，《水浒传》中的人物宋江，因热衷慈善、热心救济而人称“及时雨”；《红楼梦》中的人物贾母，经常进行慈善活动，书中有很多讲述贾母做慈善的小故事；《三国演义》中的黄巾首领张角，则用慈善网罗人心，此乃慈善的另一面。

（四）文化理论与慈善。慈善的原点以养济为主，后来发展为

“养教并重”。现在，慈善理念已发展出更多内涵，比如古代思想强调施恩，包括施舍、恩赐、怜悯、差等。差等还表示有互相不同的高等、低等施舍，但如今慈善思想概念中，则讲求平等、互助、友爱、共享。

（五）文化艺术与慈善。在文化艺术中也有很多关于慈善的内容。一位名叫葛敏（音）的南通女舞蹈家，去年因患有渐冻症而离开了自己的岗位。她曾说：“人的身体可以不起舞，但人的心不能不起舞”。在成为渐冻人后，主动要求拿出自己的积蓄成立一家基金会，帮助想要学跳舞的残疾人群。

（六）文化地域与慈善。以南通为例，南通的慈善可概括为一人一馆一城。所谓一人是指张謇，张謇在南通做了三件事情——兴实业、办教育、开慈善。从慈善理念、慈善影响、慈善留存等综合因素来看，张謇是近代慈善第一人，为后人留下了宝贵的慈善思想和慈善理念。一馆是指中华慈善博物馆，中华慈善博物馆的吉祥物是“慈娃”“善宝”。所谓一城，是指南通加入了广州慈善之城的研究。

关于慈善文化的温度主要围绕三个角度展开：

（一）给予温暖，温暖他人，快乐自己。在历史上有很多关于仁、善、慈的典故，比如吴国名医董奉，为人治病却不收病人的报酬，只要求在他的后院栽一棵杏树即可。南通有一位名叫陈叔（音）的医生，拒绝病人在治愈以后对他的报答，而提出在南通的河面上建造一条长桥的要求。

（二）给予尊严，尊重他人，珍爱自己。“人与人相爱是第一层面的，人与动物相爱是第二层面的，人与自然相爱是最高层面的”。《无痕山林》强调，不管你在路上发现了多么有趣的东西，请让它留在原地，不要随便带走。此乃人与自然的相处方式，也体现慈善的理念。

（三）给予希望，赠福他人，留香自己。援助河北遥远的“手拉手一起走”项目，从一个人到来自五湖四海的一群人，从物资扶贫到教育扶贫，如今已经能在每年都帮几十个人。一个曾接受过帮助的孩子在今年考取大学后，在99公益期间捐赠了10元钱，并写信道，“请放心，剩下的任务交给我们”，令人十分欣慰。这种清楚有人在帮助自己，并想要将帮助精神传承下来的意识令人欣慰，此乃慈善文化之所在。在南通助学平台上，所有贫困学生有一份资助参与书，志愿在有能力以后，以一个百分点回报社会。

慈善，未必是十分了不起的举措，可以每天都只做一点，积少成多。目前，在南通市推行“日行一善 100 例”，旨在推动公众从生活中的小事做起，将善心给予所有人。

第二节　慈善捐赠：地方实践与经验探讨

精准扶贫的主攻方向之健康扶贫

深圳市民政局规划与政策法规处处长　麦永冠

习近平总书记指出，健康扶贫是精准扶贫的一部分，是当前扶贫“硬骨头”，也是扶贫攻坚战的主攻方向。健康扶贫对打赢脱贫攻坚战具有长期作用和重大意义。2020 年我国将消灭绝对贫困，但相对贫困并不会自然消失，需要在健康扶贫与医疗救助领域建立长期有效的政策和制度。目前，居民基本医疗保障制度的投资标准不够高，只能保持基本的收支平衡，对于贫困人口的优惠保障力度不够。此外，重大疾病保险尚不健全，大病保险的资金规模十分有限，多数重大罕见病无法得到保障。因此，在这些方面增加一道保障防线尤为重要。

在决战脱贫攻坚的关键时刻，由深圳市慈善会、湖北省慈善总会、北京厚善益科技有限公司联合主办个人求助与慈善募捐的主题研讨，共商解决办法，将对健康扶贫、解决群众困难起到积极作用。

互联网募捐组织参与扶贫攻坚的新机遇

北京师范大学社会发展与公共政策学院教授、
社会公益研究中心主任　陶传进

当前，我国公益事业的发展呈现出两个趋势和两个新景象。第一，公益组织大力发展，包括慈善总会等老牌公益机构在内的各类公益组织都更具活力；第二，互联网筹办机构平台的新形式，为公益从业者带来了更大的期望，“公益的春天”更加热闹。二者的结合，则会激发出更大的潜力。互联网筹办平台能够带来大量的信息，让信息更加聚合，集中体现需求，组织筹办量急剧增加，刚刚过去的99公益日正是最好的例证。但是，在二者结合后的综合潜力中，组织潜力却很少显现。以最近雄安组织的互联网新评为例，20家组织聚集在一起，却未能向专家展示、总结出自己的亮点。希望各组织能够看到，在2.0时代，互联网技术在需求领域的潜力，比如大病患者有巨大的需求潜力，媒体、政府也希望看到互联网技术带来更多创新。

互联网筹办平台具有显著优势，能够让大量公益组织、大量需求点入驻其中，能够筹集大量款项。但是互联网筹办平台也有较为突出的局限性，有两大愈加突出的问题亟待解决。第一个问题是，在互联网筹款平台上产生或者资助的慈善公益项目趋向低端，凭借感人来筹款，从而导致为了筹款而筹款、为了筹款数量而筹款的问题。平台应该要超越简单的感人式筹款，但现在这种趋势却十分明显，甚至部分互联网筹办平台及慈善组织为了筹款量而违背基本伦理。

第二个问题是风险，即骗捐、诈捐问题。在信息量简洁快速的场所，风险通常是难以避免的。这导致政府开展的评估具有鲜明的监管色彩，这其实并不利于平台发展，但却具有合理性。面对平台上出现的问题，筹办组织和慈善组织两方都应采取积极措施，保证筹款为公益组织所用。互联网筹办平台借助慈善总会将公益组织动员起来并整合为系统，使公益组织可以开展大病救援、为乡村提供特殊服务，以及从事乡村治理。如果这一模式能够被激励、激活，互联网筹办平台将逐渐弱化“主角”地位，突出筹款渠道的重要作用，推动公益组织发展的积极影响。

“慈善初心”：深圳特色慈善医疗募捐的探索与思考

深圳市慈善会执行副会长　房　涛

首先，跟各位分享中国慈展会的几组数据，过往六届慈展会共吸引 99.6 万人才参与，2234 个公益项目形成资源对接。腾讯 99 公益日的统计数据显示，在获得捐赠金额前十名的慈善组织中，有 5 家慈善会组织。

2016 年筹款丑闻发生后，导致社会对慈善产生信任危机。原本深圳市民政局在监管方面十分有力，与腾讯一起发动 99 公益日活动。但在具体的筹款活动中，一些人利用网络众筹为家人筹款，引发了公众的信任危机。同时，由于个人筹款比公益组织筹款更迅速，在网络上进行精细的策划与运作后，筹款额度也会更高，个人短期筹款得以产生。但是个体筹款也存在着问题。第一，在个人真正拿到款项时，因管理费用、个人能力、线下支持系统等不同，会引起新的不公平。比如，同一医院病房内的两个病人，个体筹款所得款项可能存在十倍之差。第二，在发展和监管问题上，对公益组织线上筹款的监管十分严格，但却不适用个体筹款。

公益宝已运行 8 年，一直在慈善医疗募捐方面不停迭代和改进，在湖北省也已做出有益探索。那么，在深圳这样一所创新性国际化城市，究竟该如何落地？第一，善款善用的问题。公开透明和及时快速是慈善捐赠系统的生命线。同时，还要保证系统具备一定的规模和体量。第二，寻找合适的切入点。将动员罗湖区人民医院先行示范，罗湖区医疗改革模式是深圳市医疗改革的第一块王牌。此外，儿童是公众在筹款中最关注的群体。将这两点结合，先在一个区域内搞试点改革，以点带面，逐步向其他板块推广。第三，费用精细化。由于深圳市低保水平较高，只有在医院整体结算、扣除社保等方面进行精细化管理，才能真正获得信任。第四，市、区两级的慈善会联合配捐。以合作丰富系统在资金、款物等方面的社会力量，比如2019年仅630扶贫就已募资1000余万元。第五，强化人文关怀和社区融入。当前，深圳市医疗领域的社工已渗透至每一个医疗系统，需要其融入社区并对社区内的家庭进行关照。

湖北省慈善医疗募捐经验

湖北省慈善总会秘书长　谭光华

湖北省慈善总会自成立以来一直将医疗扶贫作为主要业务，积极进行探索。其慈善医疗众筹项目着力构建社会力量参与社会扶贫的新机制，而非采取捐钱发钱的传统形式，并立志于长期规范透明。湖北省慈善总会积极与互联网结合并予以公益宝相应的支持，应用创新主要体现在健康扶贫、困境儿童结对帮扶和乡村振兴三个项目中。接下来，将围绕社会关注的主要问题具体介绍慈善医疗众筹项目。

第一，求助便捷性问题。只要求助个人会使用微信，关注公众号并按指令逐步操作即可发起求助。

第二，信息难核实问题。信息核实是比较容易出现问题的一环，为此，我们进行了以下这几项工作。首先，募用分离。直接与医院进行最终结算，保证善款善用，精准的同时减轻工作压力。其次，与全省 100 多家医院共同建立医务志愿者服务群，由最了解患者情况的医务工作者作为最前端的志愿者。此外，每一个求助在发起后都会通过系统进行个人信息核实，以求助者所在的诊疗机构保证信息的真实性。

第三，边筹边用问题。当平台上的筹款总额大于 100 元时即可由求助者自己转账医院收费室缴费，操作简便。这一功能设计最大程度地解决了钱筹到但受助对象已去世的问题，既避免了由大量筹款的目标作用对象真空而带来的潜在问题，又实现了善款善用。

第四，筹不到问题。这一问题通常不被一般平台所关注。但作为湖北省慈善总会，我们重视解决筹不到钱的问题。截至目前，累计发放配捐资金 2400 余万。利用后端展示功能，用户可以清楚地获悉福彩公益金的配捐对象。

第五，筹不多问题。结合很多大病治疗周期长的现实情况，账户所筹金额在三年内可反复用于治疗。若三年内未做任何使用，就会返归至平台，转赠给其他患者，实现爱心的传递。同时，也为规范不必要的过分筹款提供了有效的制约机制。

第六，项目成本问题。这一规模较大的慈善筹款体系需要介入全省的带宽服务器，大量软硬件运维等的接入成本均由省慈善总会承担。实际上，这部分成本可控且偏低。

从上述六个方面来看，这一项目具有方便、快捷、及时、规范的特点，并以解决患者问题为导向设计人性化的配捐板块。求助者的筹款发起时间、筹款结束时间、筹款使用时间、受助者出院时间等在平台上均一目了然。目前，已与150家医院签约并对接100家，整个平台包括配捐筹集在内的捐资总额高达7000多万元，惠及10000多人。为筹不到钱的求助者提供社会配捐，同时提高了社会参与度，改善医患关系，改善百姓与平台、项目以及社会之间的感情氛围。

最后，慈善医疗众筹平台也是健康扶贫的重要纽带，是“互联网+慈善”的有利探索，以规范透明的运作体系提升了慈善的公信力和效率，有效地改善了医患环境。在村社互助方面，湖北省慈善总会也进行了“互联网+慈善”的延续性尝试。目前，已服务了2000多个村社，并设计将互联网窗口打开，同时整合慈善组织的志愿服务以提升工作效率。希望每个项目都能具有平台属性、机制属性，能够发挥常态性作用，也希望通过医疗众筹或跟公益宝合作，为湖北省慈善总会保驾护航。

病有良医：慈善医疗募捐的深圳路径

公益宝平台创始人　龙全录

公益宝是民政部首批指定为慈善组织提供项目和解决方案的平台。公益宝并未成立基金会，只是作为技术支持方和募捐平台，协助慈善组织更好地实施募捐和救助服务。公益宝的特点是八年来专注于一件事情。它虽然是公司，但视自身为社会企业。

公益宝目前的工作主要围绕慈善组织展开。其中，三分之一是基金会，湖北省慈善总会是公益宝的重要合作伙伴。在给予湖北省慈善总会支持的过程中，公益宝以政府中心工作为出发点，响应党的号召，围绕国家政策发力。个人求助，即个人求得帮助，基本路径是在平台上发起筹款，随后用于治疗。但是，这一路径中也会存有一些漏洞，导致善款被挪移。由于平台本身不是慈善组织，发生此类事情不会带来十分严重的问题。而一旦发生在慈善组织中，则会引起较为恶劣的舆论影响，因为公众比较关注慈善组织。

大众医疗慈善募捐的钱由谁管理、谁核实？通常需要慈善组织介入。根据《慈善法》的相关规定，并不提倡个人众筹、个人求助，也希望个人向慈善组织申请，以此来规范众筹。但慈善组织介入存在三个难题：第一，慈善组织介入会增加问题的复杂性，个人求助涉及很多个人和家庭，一旦出现问题就会成为热点。为避免潜在的恶性舆论影响，开展救助前的审核手续就会十分烦琐，对病人来说周期太长无法接受，对慈善组织来说工作量大且效率不高。第二，很多慈善组织自身杯水车薪，缺少充足的资金支撑个人求助，这也是为何那么多个人去平台求助的原因之一。第三，缺少技术支持。很多人文化水平偏低，尚未掌握微信的基本操作，因此会导致在求助方面缺乏通道。

从技术角度讨论慈善募捐的深圳路径。第一，要发挥慈善医疗平台的资源整合作用，以资源整合建立信任、提升效率。信任是稀缺资源，一旦丧失就很难再恢复，慈善信任也愈加重要，每个慈善丑闻事件对社会公众和慈善行业都造成伤害。通过核实、筹款、匹配的完整信息闭环，确保慈善组织的资源用到实处，提升组织信任。同时渗入标准志愿者系统，迅速与民政局进行对接，提高效率。

第二，可以采取派发任务的方式，以任务带动绩效。深圳总体人口比较少，并且医疗体系较为完备。本地人救助相对比较少，大多数救助对象是来深建设者及其子女。同时，需要得到帮扶和救助的人员属于同一病种标准体系，因此筹款人能够筹钱用钱不见钱，从而规避一些问题。如果能够对每个病种的费用都进行标准化预测，在未来可能发挥出良好的借鉴作用。

第三，改变救助模式，建立慈善生态。首先，建立救助迁移模式。救助迁移使得救助能够根据资金量进行，同时在医院系统打通后，也会给用户带来极大的便利性。其次，建立多元化的社会参与模式，形成一个立体化的救助模式，比如患者的朋友圈和工友圈，社区和学校都可以实施配捐。再次，吸纳社工等专业人员和义工实现多维度救助，以更完善的服务机制为救助对象提供更多的社会资源。最后，希望公益宝在深圳医院落地，慈善组织可以利用公益宝救助病人，求助群体可以通过公益宝核实，公益宝发挥核实和结算费用的作用。公益宝作为技术提供商，不断创新慈善医疗与个人求助的运作模式。

病有良医，院有善举——医疗募捐品平台中的医院配合

深圳市罗湖区人民医院院长　孙喜琢

“病有良医”这句话写在了深圳建设中国特色社会主义先行示范区“民生幸福标杆”的定位上。深圳市罗湖区人民医院作为一家公立医院，显然要以善举整合资料、资源，形成医院集团。罗湖区医疗体系改革并非盲目追求就诊数量，而是以让罗湖区居民少生病少住院为根本目标。改革不同于医联体的建设模式，而是将区属 5 家公立医院（当时为 23 家社康中心）整合成为一个法人的集团，坚持公益性，将人事、财务统一管理，提高了整体水平和成本，也产生了最大效率。

罗湖医院集团门类较为齐全，包含人民医院、妇幼保健院等。实际上，在医疗救助参与方面，公立医院机构和私立医院机构只是形式、手段以及投入多少有所区别。公立医院作为接受政府拨款的单位，对于如何使用这些资金要有更多考量。

社会慈善需要在爱心人士的爱心和求助者的需求之间实现对接。让善款得到善用，让善款能够真正用于救助被救助人或用于康复治疗，社会发挥着重要作用。我是中国公立医院的诚信发起人之一，为改善医患关系、增强医务人员的自我保护、树立医疗系统的良好信誉，尝试建立了一个包括医院的人员、团队和运营商在内的医院诚信体系。未来全国医院都会按照诚信体系的标准进行评价，推动中国医院的诚信建设。此外，对于如何把善款用好、如何为患者做好治疗、如何在现有医疗环境下达到最高医疗水平等问题，我们也愿意进行尝试。

最后，我非常推崇相关信息公开透明化，在最大化保护患者个人

隐私的前提下，让捐助者得到有关所捐善款和救助对象的信息，比如本院有一个云医疗管理系统，可以在保护患者隐私的前提下将相关信息公布到平台上，救助者和捐助者都知道每一笔钱的用途。善人筹善款，应该以善心和善举创造善果。

第三节　圆桌论坛：个人求助与慈善募捐的发展前景

圆桌主持人：

浙江工业大学法学院讲师、福利与法治研究中心副主任　李德健

圆桌嘉宾：

湖北省慈善总会秘书长　谭光华

深圳市人大代表、政协委员　彭锦程

深圳市政协委员　钟丽梅

上海第一财经公益基金会副秘书长　周旭锋

深圳市中小企联晴娃娃慈善基金专委会主席　俞云飞

李德健：请各位嘉宾一起谈一谈个人求助与慈善募捐，相信会有更精彩的思维碰撞。

彭锦程：第一，在宣传方面，政府除了要加强宏观舆论引导外，还需要以微观、具体事例打动人心。比如《人民日报》报道了扬州区一家超市的标语，“人在外难免遇到困难，如有需要请你小声告诉我，我能解决你一顿温饱”。第二，在需要者与被需要者之间，最重要的是要认真、全面发展一些被需要者，即企业家、爱心人士等。在诸多信息不对称的情况下，应对如何发展被需要者、如何使每天一捐成为习惯给予更多关注。第三，在专业人才贡献力方面，除政府退休官员外，希望来自各个方面、各条战线的具有公信力的民间人士也能加入慈善队伍，成为一名慈善人，以其社会认同和影响力带动更多人参与。

钟丽梅：我是民主党派界别的政协委员。在民主党派的岗位上，

经常需要深入社会开展调研。九三学社从中央到地方都有精准帮扶工作要完成，因此需要资金和平台。几年前，九三学社就已经与很多慈善基金会进行合作共同开展医疗帮扶，比如为贫困地区患有先天性心脏病的儿童提供救助，帮助贫困老人完成白内障手术等。贫困地区存在大量需要救助的对象，因此必须集中大量财力才能做好慈善工作。

借助政协委员的优势，尝试对部分社会资源进行整合。比如某些上市公司曾开展过慈善活动但没有成立慈善基金，就由九三学社搭这桥，通过创始人、股东、董事长夫妇，为基金会争取到5000万元赞助，解决十年精准帮扶的资金需求。选择深圳对口扶贫城市河源，与源城区人民医院建立联合眼科中心，并为其捐赠设备。利用九三学社和深圳眼科医院的医疗资源在这个平台上培养人才、培训医护人员，前期替代他们进行手术，后期分派人员到眼科中心开展培训。最终，医疗的精准帮扶既迅速覆盖了当地人民的需求，又解决了人才培养问题，并实现了可持续发展的精准帮扶。对于很多企业想做慈善却不知道如何去做、如何管理的现象，我们从医疗帮扶出发，主要考虑了社区医疗难以落地的问题，带医生进社区去做义诊、开展公共卫生培训等，不断总结经验。在做慈善的过程中，还应利用“互联网+”平台弥补善款善用方面的漏洞。

另外，可以尝试搭建慈善组织平台，整合资源，由政府和企业家共同出资成立一项基金，并让这一基金滚动起来，有效益时用于慈善，从而带动更多的人参与这个组织。当社会救助出现资金不足，由该基金提供补充与保障。最后，应将资源向弱势群体适度倾斜，如失独群体、失能的贫困妇女、老人与儿童等。深圳市先行示范区应该在慈善方面多做创新，与慈善工作走在前列的省份共同合作，将好的经验、做法在全国推广，激励更多人参与慈善。

周旭锋：第一，在《慈善法》颁布后，由于慈善救助的整体服务没有及时跟进，个人救助被商业组织发觉。商业组织最初介入个人救助，视其为一种好的商业模式，如个人求助模式的水滴筹，在后端跟进了很多保险销售。随着商业部门发现后端运营举步维艰，质疑声也随之而来。目前，商业模式的个人众筹正在面临着挑战与转型。第二，无论是公益还是商业，都面临着无效的挑战。以感动他人获取支持的模式越来越失效。今后，互联网和公益应互相取长补短，真正解决通过社会问题而取得更多用户的认同。第三，互联网的发展正在颠覆原有格局，这种颠覆与当下的状况是相适应的。人们对新技术的高度接受性为新技能的吸纳提供了便利，有利于将公益事业做得更好。

俞云飞：从2010年至今，深圳市中小企联晴娃娃慈善基金专委会一直专注于儿童癌症和儿童白血病。已在香港大学深圳医院儿童肿瘤科建立起两大关爱空间，与几十家社会公益组织相链接，已具有较大影响力。同时我们也在湖北儿童医院，以及中山、阳江、浙江等地的妇幼医院搭建平台。在医疗技术和医疗政策的双重推进下，逐步从传统大病医疗费的救助转向慈善公益空间平台的搭建，对政策性方面、社会问题解决方面的工作给予更多关注。

从第一个项目开始，晴娃娃慈善基金专委会的慈善捐款就是封闭性的，善款不经过家庭或其家庭成员，而是直接交付至医院账户，通过医院账户提供善款救助。在救助时与救助家庭签约，一旦善款没有用完，剩余善款必须转移给下一个家庭。公益募款在医院与慈善机构之间形成闭环，从而使爱心企业、爱心人士的善款能够真正用到大病救助的刀刃上。善款善用也是我们对公益组织、社会各界以及医疗机构的呼吁。最后，我们也希望借助公益宝等互联网工具拓展慈善服务的供给渠道，为需要救助的患者提供真正的慈善帮助。

谭光华：湖北省慈善总会在推动项目的过程中，始终本着“做公益而非做生意”的初心面对各种困难与问题。希望深圳在改革开放最前沿也能更好地回归慈善初心。一方面，医院的积极性与支持至关重要；另一方面，深圳应利用优良的慈善文化、改革开放的精神以及医院等优秀的合作伙伴资源，切实解决社会捐赠问题。

李德健：首先，对个人求助和慈善募捐进行简单地区分。我国仍处于社会保障尚不全面和不充分的大背景，尤其在大病方面。其次，根据《慈善法》的规定，民政部门只负责募捐，而对于非慈善个人求助行为没有监管权限。由于通过非慈善途径进行个人求助方面没有任何专项法律，就需要对其进行政策规制，落实到技术层面即体现为公益宝、湖北省慈善总会推出的大病救助慈善项目，将个人求助、个人申请与慈善项目进行对接，并由慈善组织对口基金会等大额捐赠者。这一套流程又与利用互联网的思维高度契合。

李德健：在捐赠平台建立公信力后，您之后的配捐倾向、捐赠倾向会发生改变，资金投入是否会转移？

俞云飞：我会坚持初心，通过提高技术渠道的严谨性和规范性。比如今年我们共发起了3个项目参与99公益日，并且也发动了配捐。募捐的关键在于尽可能杜绝善款流到个人或家庭的口袋，否则很难监控。前段时间，也确实出现了大量的类似案例。建立一个具有公信力和广阔互联网渠道的平台，通过平台筹集、使用善款，希望包括慈善会在内的各家公益组织能够把控好平台关。

嘉宾提问：如何评价以贷款换捐款的现象？

李德健：要平衡捐赠者与受助者之间的权利关系，公众的善心善念理应适当，求助人也要进行适当的信息披露。这可能并不是一个法律问题，而是一个严重的道德问题。求助信息公开后，公众根据自身家庭情况，可选择捐或不捐，捐助双方都有相互选择的权利，不能一刀切。

周旭锋：在过往多年的慈善事业从业过程中，重视受助人群是我们的优势和长处。但是，对捐助人群却不予重视。目前，能够给予捐助人的仅仅是公开的荣誉或回馈等。以水滴筹为例，不仅满足了心理需求，同时开展商业模式售卖保险。在对捐助人的服务方面，钱款透明只是万里长征第一步。将来可能实现让捐赠者像使用支付宝一样使用公益宝。

钟丽梅：公开是最好监督。可从信息公开、法律、技术三方面去解决这个问题：第一，加强信息公开；第二，完善相关法律法规，对违法行为进行严格的法律处罚；第三，完善慈善捐助系统，增补、对接捐款家庭的财富信息。

李德健：一些互联网公司在运营单个个体求助时，并不会赚钱或者盈利。一些专家建议通过卖保险或理财产品，但值得警惕的是，如果募捐平台里注入商业逻辑就会存在道德风险。感谢各位的参与，为本次“个人救助与慈善募捐”分论坛献上精彩的观点与经验，期待“个人求助与慈善募捐”相结合的模式在健康扶贫中扮演越来越重要、越来越亮眼的角色！

中国慈展会
CHINA CHARITY FAIR

第四章

慈善金融　赋能公益

2014年11月，国务院下发《关于促进慈善事业健康发展的指导意见》，明确提出公益慈善与金融创新相结合的政策命题；2016年9月，《中华人民共和国慈善法》颁布实施，进一步推动金融资本进入公益慈善领域。

随着中国经济社会的快速发展，慈善力量在扶贫济困等领域发挥了重要作用。但随着社会多元需求大量增加，传统慈善公益模式逐渐难以满足社会期许。在行业发展迈向专业化的道路上，我们必须思考，如何构建属于中国特色的慈善公益金融机制？

“尽管深圳已经有437家基金会，但相较于巨大的金融产业而言，总体资产规模仍然非常小”“深圳市基金发展促进会的成立代表着基金会行业意识的崛起，是对过去独自战斗状态的告别”“希望世界通过深圳这个窗口读懂的不仅是深圳的速度，更要读懂中国的温度”……

金融可以再设计，公益可以再出发。慈善行业关于“慈善+金融”模式的积极探索，定将在中国脱贫攻坚“关键之役”中发挥重要作用。

第一节　善款管理：公益金融的可持续性之路

深圳基金会：公益金融先行示范

深圳市基金会发展促进会执行会长　陈行甲

深圳市基金会发展促进会于 2019 年 9 月 20 日上午揭牌成立。2019 年 8 月，中共中央、国务院印发了《关于支持深圳建设中国特色社会主义先行示范区的意见》（以下简称《意见》），标志着深圳的发展翻开新的一页，举世瞩目。对于公益慈善的从业者和探索者而言，《意见》提出城市文明典范、民生幸福标杆、可持续发展先锋的战略定位以及促进社会治理现代化、改革社会力量、参与社会治理模式的具体要求，清晰地指明了公益慈善行业发展的前景和方向。深圳市基金会发展促进会正是在这一背景下应运而生。深圳市民政局和深圳市社会组织管理局把发展促进会作为推动社会组织管理的一个试点率先推出。

截至目前，深圳市基金会已达到 437 家，占中国基金会数量的十三分之一，全国最有行业影响力的公益基金会——包括腾讯公益基金会、壹基金等全国的行业标杆，均发端于深圳。从数量、质量、影响力等方面来看，深圳基金会都是一支不容忽视的中国力量。但是，对照中共中央、国务院关于深圳建设中国特色社会主义先行示范区的要求，深圳市基金会发展和社会力量应该发挥更重要的作用。

深圳市基金会发展促进会如何服务于深圳市所有公益基金会，充分发挥这一时代性角色？拟将充分地借用全国最顶尖的外力支持基金会发展促进会的发展，将成立几个专业的委员会，包括全国金融行业知名人物马蔚华先生［招商银行前行长、壹基金理事长、社会价值投资联盟（深圳）主席团常务主席］担任投资顾问委员会主席，清华大学公益慈善研究院院长王名先生担任学术委员会主席。将借用这些专业力量推动基金会发展促进会的发展，更好地为深圳市的基金会服务，提升基金会的治理能力。

公益金融：让公益资产创造更大价值

清华大学公益慈善研究院院长 王 名

深圳作为中国特色社会主义先行示范区，理应先行先试，成立基金会发展促进会正是慈善金融方面非常重要的探索。实际上，基金会发展促进会主要是在基金会的公益资产管理方面做出一些积极的探索。马蔚华先生的另外一个身份是社会价值投资联盟（深圳）主席团常务主席，我是今年的轮值主席。我们提出了公益金融的概念。深圳社会价值投资联盟与深圳基金会发展促进会一样，共同关注公益金融议题。希望将公益资金聚集起来后，不是简单地花钱，也能够成为金融资产，创造价值。

基金会和金融机构都面临一个共同的议题——如何盘活公益资产。尽管深圳已有 437 家基金会，但相较于巨大的金融产业而言，总体资产规模仍然非常小，有巨大的发展空间。如何让公益资产不断地增加并创造价值是一个非常有意义的命题。

《慈善法》提出一个概念叫保值增值，保值增值其实是一个金融问题，不是一个公益的命题。公益资产的运作管理可能遇到的问题，存在的挑战，有必要进行深入的讨论。基金会，是致力于公益的财富结社。在市场经济不完善，特别是整个制度体系不健全时，基金会难免会犯错误。因此，对基金会应该有容错的精神。

为推动基金会的发展，首先要对其进行规范管理，并探索出基金会规范化管理的中国道路，为中国、为深化改革摸索出一条道路，这种探索十分必要。其次要搭建一种平台，开展“金融结社”。深圳市基金会发展促进会不是基金会，而是深圳基金会的结社与结合，是深圳基金会的平台，是为了深圳基金会的健康发展探索一条道路，特别是在金融资产管理方面。

单个基金会在金融市场上势单力薄，而多个基金会结合在一起则能够汇聚成一股健康、积极、向上的巨大力量。这样一种探索不仅是对深圳，对整个公益慈善事业的发展都是一个重要命题。如何让市场更多地发挥公益的作用，基金会作为公益力量如何与市场有效结合，如何做公益金融，是一个非常重要的全球性命题和难题，而深圳已经在这一方面进行了非常积极的探索，难能可贵。

公益金融的深圳探索：组团公益金融模式的价值

时任深圳市民政局党组成员、深圳市社会组织管理局局长　凌　冲

对于基金会的管理，一方面需要探讨公益问题，另一方面也需要探讨金融问题。成立深圳市基金会发展促进会的想法，最初源于深圳市爱佑未来基金会所策划的“同一天生日”。“同一天生日”是一个极富创意的公益活动，但在备案环节和公众传播环节中出现了一些小问题，差点导致活动夭折。对于基金会的登记管理部门而言，好的活动项目因操控上的不谨慎而被迫叫停，不仅是基金会的损失，也是社会的损失。因此，民政局作为登记管理机关和基金会的监管部门，更应该考虑如何让基金会避免犯错。

除了上述缘由外，从监管部门的角度来看，成立一个基金会的行业组织，既能够为政府监管部门服务，又能为基金会和慈善事业服务。基金会处于整个慈善事业链条的最上游，属于供给侧，同时也是最敏感的组织。如果基金会出事往往容易触动公众内心最柔软的部分，因此特别需要加强管理。建立行业组织旨在发挥以下三个作用：

第一，为所有基金会提供精准的服务。民政部门作为登记管理机关无法照顾到每一个基金会，行业组织的成立则要弥补这一空缺。行业组织要明确所有基金会的真实需求，解决基金会与政府部门打交道这一部分工作中的痛点，比如帮助基金会完成登记、备案、变更、税务等方面的工作。一方面，它可以大大地解放基金会的生产率，使其将有限的精力集中于核心业务，不需要担心手续、备案等问题，减少对受到处罚进而导致公信力降低的担心；另一方面，通过行业组织为基金会提供更好的服务，比如该开会的时候有人提醒基金会，该办理的手续有人协助。如此一来，基金会的违法数量能够大幅降下来。违

法量的减少也能够降低政府的执法成本。

第二，支持整个行业的发展。深圳市基金会发展促进会的成立代表着基金会行业意识的崛起，是告别过去单打独斗的局面。目前，深圳已经有 437 家基金会，规模位居全国前列。但基金会大都单打独斗，行业规则、行业标准、行业规范尚未建立，行业研究、行业自律也尚未开展。从深圳走出去的知名组织包括壹基金、腾讯基金会、万科公益基金会，希望将来人们知道深圳的基金会和深圳的慈善力量。希望世界通过深圳这个窗口读懂的不仅是深圳的速度，更要读懂中国的温度。

第三，有利于善款的增值保值。深圳有 437 家基金会，其中在深圳注册的近 370 家。2017 年末总资产超过 30 个亿，平均每家基金会的资产约为 1000 万。然而，基金会资产的中位数大致都在 200 万元左右，也就意味着大多数基金会的保有资产基本均为 200 万的登记最低限额，大部分资金都花掉了，没有留存。到目前为止，深圳注册的基金会注册资金最高为 1 个亿，航空母舰型的基金会数量极少，具有专业运营团队的基金会也是凤毛麟角。实际上，深圳基金会的整体质量并不高，基金会资产的使用效率或保值增值效率仍处于原始水平。

基金会的资产使用存在两极分化的情况：一个极端为胆大包天型。将基金会的资产当作板上鱼肉，予取予求，比如将募得的资金按照 20%~30%的比例以提成的形式奖励给业务人员，或把扶贫和支持教育的善款用于建庙宇、立佛像，甚至直接转移资产，左手捐一千万，右手就把一千万转走了，沽名钓誉。另一个极端为胆小如鼠型。为保证资金安全，全部储存在银行中。表面上资金安全，但事实上这些慈善资产正在不断贬值、流失。资产贬值、流失甚至会影响慈善事业链条中的其他环节。经过近年来的努力，深圳已然成为慈善资源的洼地，但是如何让这片洼地更加肥沃，如何让在深圳的基金会生长更好、更加健康、更加蓬勃，如何让慈善资产有大幅度的、安全的、饱和的增值，这是我们需要思考的问题。

实现慈善资产的保值增值，可以通过为深圳市所有基金会搭建一个公共的、安全的、高效的投资平台来推动。基金会行业的联合能够在一定程度上提高其议价能力。毫无疑问，政府对于实现慈善资产的增值保值是支持的。今天学界、业界对慈善资产保值增值的共同探讨，也希望能够找到实现目标的最合法、合理、高效的途径。

慈善事业的“四个善”

深圳市高新投集团有限公司总裁　张中华

中国慈善事业的发展，可总结为“四个善”：一个善事业、一个善产业、一个善金融、一个善社会。

（一）善事业

当前，我国的慈善捐赠总额在 GDP 中占比仅有 0.2%，远低于欧美发达国家。在从业人数上，英国和德国每百人中分别有 52 人和 47 人在做慈善事业，而中国只有 7 个人。慈善捐赠总额的 70%都来自于企业捐赠。上述数据表明，中国的慈善事业仍处于起步阶段、初级阶段，尚未实现全民参与，仍然任重道远。只有唤起更多的认知，激发大家更多的善意、更多的善心，激发更多的社会贡献力量，慈善事业才可以持续。深圳在“善事业”方面的行为较为到位，并进行了一些前瞻性的探索与尝试，但在前述相关关键指标数据上，仍有进一步提升的空间。

（二）善产业

善产业的形成必然来源于善动力，善动力可归纳为三个方面：

第一，慈善园区的建设。建立慈善园区能够解决一些贫困地区就业、残疾人就业、弱势群体生活保障的问题。慈善园区能够提供可持续性的帮助而非扬汤止沸，是真正意义上的慈善。同时，应呼吁国家的税务部门对参与慈善产业、慈善园区建设的公司、企业给予适当的税收减免，以激励其更加自主地投入到慈善事业中。可持续性的慈善供给和激励性的税收减免是“善产业”的原动力，是“慈善溪流”的源头，滋养着中国慈善事业的发展壮大。第二，慈善组织的有序培养。第三，金融领域的推动。随着中国经济的不断发展，慈善领域的捐赠可能会越来越多，体量增大需要与行业充分融合，在推进工作时寻找最合适的切入点。

（三）善金融

善金融在整个慈善事业中发挥着“造血”功能。造血有两个方面：一方面是干细胞为善产业造血，另一方面就是资产的保值增值。公益金融涵盖了慈善信托、贫困金融、公益创投、公益信贷，以及近期正在积极谋划的公益债等，走在世界探索前沿的公益债是一次具有重要意义的公益金融探索。慈善金融的本质就是源泉和保值增值，在有了公益债之后，将其用于保值增值而不是作为开支花掉，慈善事业就能够稳步发展。

对于基金资产的保值与增值，我认为存在一种创新方式。目前国内以保值增值为目的的资本多元化或层级化较少，要么是为保值而保守性地购买国债，要么是高风险的投资。在风险与保值之间、稳定与增值之间，很难找到恰当的平衡。能否尝试与深圳的先行示范区和四个“千亿计划”的支持相结合，既响应支持深圳经济发展的号召，又让深圳市政府对慈善事业做出支持，通过转变为相互促动的工作，实现慈善资金有效保值增值和为当地经济做出有效贡献的双效成果。

慈善金融不是简单地将金融挂在慈善的某些方面，而应根据慈善事业的特点、慈善资本的特性和所属的外围环境，有针对性地量身定做一些金融方面的产品，为其所用，使金融与慈善更加贴近。

（四）善社会

和谐社会应当与扶贫相链接。在国家高度重视扶贫的政策导向下，政府这只“有形的手”提供了一种力量，同时慈善事业也要快速发展起来提供社会力量，两股力量相互融合、相互促进、相互支撑，共同将社会底层支撑起来，一起建立牢靠的社会根基和一个和谐的社会。

希望深圳的各种机构可以在先行示范区的大帽子下，为慈善事业闯出更多新道路，为全国的慈善产业、慈善金融做出不一样的探索。

第二节　未来趋势：慈善资产的保值增值

慈善资产管理的平安探索

平安信托有限责任公司总经理助理　张中朝

（一）慈善行业发展情况和平安信托慈善行动的回顾

来自金融圈的平安集团，具备较强的参与能力，应该承担更多慈善责任和义务。目前中国基金会的数量已经突破7000多家，基金会的预估资产也超过1700多亿元。这表明社会在醒悟，慈善行业的未来一片光明。在慈善领域平安集团也一直在行动，平安金融中心大楼里，每次10分钟的晨会时间，约有7~8分钟在宣讲平安集团的慈善行动和慈善成绩。以平安集团的“三村工程”为例，计划投入100亿，在村官、村医和村教三方面持续发力，力争实现贫有所助、病有所医和学有所教。在“村官”项目部分，将投入90亿元，撬动1000亿免息贷款，整合农产品的上下游资源，实现造血式扶贫。具体来说，在村官工程的试点阶段，通过银行向核心企业机器产业贷款，与政府成立联合扶贫产业基金，与第三方机构合作贷款等多种模式提供低息甚至免息的贷款，引入保险来支持当地的特色优势产业。以此为贫困户带来土地租金、劳务收入、合作社的分红以及资产收益增收的渠道，建立造血机制，实现产业扶贫。“村医”项目拟将帮助1000多个村级卫生医疗站实现升级，帮助10000名村医提升技能，并且搭建会诊和转诊平台，为广大村民提供健康方案。在“村教”项目中，拟建1000

所村校的电教设备，提升10000名乡村教师的教学技能。目前，已经搭建了村校智慧教学平台，依托三春晖APP，通过名师课堂直播、优秀案例共享、线上教师培训等解决村校教师资源短缺的痛点。

（二）慈善信托行业情况及平安集团在慈善信托领域的成绩

在2016年9月1日《慈善法》颁布后，基金慈善信托行业迎来了高度发展的态势。2018年民政局备案的慈善信托79支，同步增长了76%。截至目前，慈善信托已经备案了215支，总规模24亿。相对于整个信托业所管理的20多万亿资产，慈善信托规模不大，但是它的发展速度惊人，并且有着与其他信托平台不可比拟的影响力。

平安集团在此之间也陆续落地了一些慈善信托，早在2012年就携手深圳市市政府设立了国内首支公益信托——新疆助学公益信托计划。这个信托初始规模仅1亿元，在平安信托的运作和管理之下，16年来为新疆的部分贫困学生所提供的教育学费资助累计达到1.1亿元，总投资收益112%。综合回报（年收益）年化率6.6%，取得了良好的社会效益。

2014年平安信托成立了国内首个公益家族信托。2016年9月1日，在《慈善法》的颁布当日成立了国内首个永续性持续信托。中国平安教育发展慈善信托计划，以集合信托的形式吸引了大量平安集团员工作为独立委托人参与，为个人投资者参与信托提供了有益的借鉴。

（三）慈善资产管理现状

当前，基金会的数量的确很多，但规模较小，管理偏弱。投资人才和投资经验的缺乏，直接导致了基金资产的整体收益处于较低水平。2010年以来，基金会的平均收益率不到2%，整体的资产平均收益率也不足3%，资金运作的效率和质量均存在较大问题，慈善资产管理的整体水平和意识亟待提高。

“专业的事情交给专业的人来干”一直是资产管理行业的口号，专业化是资产管理的必然趋势。慈善基金会是慈善领域的专家，资产管理机构是投资领域的专家，未来将借助专业机构的资产管理能力为慈善事业赋能，不断提升基金会的自我造血功能。此外，基金会收入多元化也会降低对社会捐赠的依赖。在过去30年里，基金会实现了年均17%的投资收益。作为专业机构，我们会结合慈善基金的风险偏好，建立合适的投资策略，在保值资产策略和增值资产策略上寻求平衡，谋求合理的合作回报。具体来看，针对流动性和基金安全要求较高的慈善基金，我们会选择现金管理的产品为主，辅助配置一定比例的短期固收产品或者稳定稳健型产品。针对有一定的风险偏好，且流动性要求不强的长期慈善基金，可以配置一定比例的浮动收益、资本市场家庭或者股权类的产品以获取超额收益。

目前平安信托正在运作一支慈善信托产品，这支产品70%以上配置了风险的、固收类的产品，同时还拿出了30%左右配置了少量的股票指数和私募基金。持续地根据国内外宏观形式和金融市场的情况，制定动态的投资策略，实时调整产品的配置比例，以获得稳健的投资回报，保证资产的保值增值。在投研体系方面，平安集团拥有严格的投前、投中和投后的评估体系，对各类违约品种能够做到及早预警，并提前采取措施。公司内部很早就成立了内部评估机构，以更加严格的标准进行内部评级。我们还依托平安科技大数据、人工智能等科技来提升风险筛选和预警能力。

（四）投资研究与风险控制

慈善目的在于保值、增值，但是保值永远是第一位的。因此，在慈善资产的运用上，安全性即是生命线。相信平安信托有限责任公司有能力、有实力、有经验做好慈善基金的资产管理，共商慈善资产管理的秩序。

第三节　圆桌论坛：慈善资产管理难题的解决方案

圆桌主持人：

北京善泽君咨询有限公司　刘文华

圆桌嘉宾：

深圳市慈善会执行副会长兼秘书长　房涛

深圳社会组织研究院院长　饶锦兴

深圳龙越慈善基金会秘书长　姚遥

中证金牛总经理　徐建军

刘文华：慈善资产管理是慈善组织的财产如何保值增值的问题，首先涉及资产保护，其次涉及投资。今天我们所探讨的问题，需要由慈善行业和金融行业共同解决。

房涛：深圳市慈善会目前是深圳捐赠的主渠道，累计捐赠超过了36个亿。慈善组织如何跨越到金融机构中开展保值增值的问题，长期以来未被重视，也是慈善资产管理的痛点。好的投资应该是一个制度性的、面对未来的设计。金融机构在慈善资产管理中的本质是如何实现金融向善、如何体现金融机构在解决社会问题中所承担的责任。可以用定制的方式保证资产的流动性、安全性和收益性，用担保甚至是公司再保险等多元化的方式去解决问题。此外，还要培养中介和行业生态，为慈善组织的保值增值提供制度性、机制性建设。

饶锦兴：近年来，公益行业发生重大变化，从业人员不再是非社会主流的角色，越来越多金融界的优秀人才、优秀资源被吸引到公益领域中，发挥他们的资源和智慧，为基金会等慈善公益事业赋能。在资产管理方面，需要像银行家一样去思考基金会的运作模式，将基金会打造成社会领域中社会建设的银行、社会建设的金融机构，并考虑如何在基金会的上游更好地撬动金融资源进入到基金会之中。从另外一个方面去思考，在将来我们可以放心、大胆地把基金会的资产交由专业人员进行管理。在此之前，关键是汲取金融精英的智慧，以换位思考的方式，运用银行家、金融家的思维方式思考公益题目。社会影响力投资的落地，也是未来深基会的推动方向。

姚遥：首先，我将分享中型机构的痛点。龙越慈善基金会是一家公募型基金会，资产总额的80%为公募收入，每年服务于社会的固定支出4000多万元，长期以来通过农业化的发展方式解决公益化的需求，缺少平衡日常运营风险的对冲方式。其次，“无恒产则无恒心”，基金会也应当如此。基金会可以在政府或各行业协会的牵头下，对固定资产等进行适当的投入。再次，作为一个中型机构，我们曾在慈善管理方面实施过较为激进的理财行为——股票理财（金额不大）。后因出台了禁止基金会投资股票的法律，而在市场低潮点忍痛将股票全都卖出。今年则由于缺少对政策的研究，使得上半年的理财成果更加长期化。后来，我们拓宽了思路，不过分关注于管理费用，而注重对收入进行有效的运营和管理。

徐建军：中证金牛是一家主要从事金融产品评价的机构，同时也作为第一发起人和善泽君咨询、天弘基金、民生银行等于2019年1月联合发起了中国慈善资产管理论坛。慈善资产管理论坛是一个链接慈善和金融对话的公益性平台。总体而言，顶层设计对于慈善资产管理领域的发展至关重要。

有三个方面需要注意：第一，基金会的理事长和各位理事应该建立起一种机制，使其能够在审慎、合规的前提下为资产投资承担有限、合理的责任。第二，每个基金会都应该培养一位或几位能够与金融机构对话的人。考虑到整体薪酬和其他方面的限制，同时每个基金会也应该形成比较健康、合理的金融投资理念。第三，员工薪酬等现实问题。从公开发布的基金会报告中提取数据进行分析，基金会行业的员工薪酬低于金融保险业，甚至略低于教育业。尽管慈善行业是以慈善为目的，但慈善业的从业人员有需要面对的现实问题，不能使从业者的工作也完全成为一种慈善，这并不利于慈善业的长期稳定发展。

刘文华：基金会的投资应如何迈出第一步？最关键的影响因素是什么？或者采取哪些措施有可能实现突破？

房涛：第一，政府方面加强顶层设计，比如深圳福田区是全国首个将可持续金融提升为发展战略的地方政府，深圳市基金会发展促进会的成立，准备成立第一家保值增值公司等，这些都是深圳在政策层面上的推动。第二，拓宽业界交流、跨界合作以及参观走访等。很多人越来越清晰地认识到各国、各界的优秀创新可以参考、移植或借鉴。第三，慈善资产的保值增值，不能仅以某一家慈善资产的上浮情况为考量标准，而应关注整体的生态建设。2012 年，我们与深圳建设银行共同组建了一个社会组织，提供免担保的低息贷款，贷款的利息只有 7 个点，远低于对小微企业的贷款。与建行的合作理财产品到现在已发行十期，在每一期同时推出的 6 个理财产品中，一定有一个倒扣 0.3 个百分点用于开展公益。我们也做了基金业的第一个无障碍 APP，与人寿做了公益保险，与福田区政府共同进行影响力债券方面的尝试，开展公益金融的教育等。

刘文华：假设成立一个资产管理公司，希望各个基金会集合起来共同投资，一旦投资发生亏损，应如何解决？此时，应如何面对这些基金会？

饶锦兴：美国基金会的资产管理，由理事会决策，获利和亏损均能被接受。而在国内一旦亏损，就要面临后续诸多障碍，甚至包括社会道德方面的问题。因此，首先可以借鉴美国经验。从金融法律上来说，单个基金会委托一个金融公司做理财是不存在问题，但是一个机构要为多个基金进行理财，就会产生法律问题。就当下状况来看，在国内，一个为多家基金会进行资产理财的资产管理公司，一定需要具有特殊的法律地位。其次可以委托金融机构。慈善资产管理公司与一般的金融资产管理公司有所不同，前者一定是由政府赋予了特殊的法律地位，否则其无法接受两家、三家以上基金会的委托。特别是对于中小基金会的保值增值而言，更需要政府为其提供一个合法平台，而非交由风险更大的一般性金融机构。

刘文华：我想问姚遥秘书长，作为一个中型基金会的秘书长，您对于深圳市基金会发展促进会这一构想，从基金会的角度如何评价？

姚遥：这一想法非常好。首先，以基金管理公司对基金会代为管理时，始终以兜底为导向，难以将资本放大；其次，基金会的理财方案都需要交由理事会进行审批，但由于理事会的时间和精力有限，难以将他们所看到的理财产品概念和国家法律法规上对慈善基金会理财的规范打通。此时，由政府机构牵头，借助政府平台行业协会平台进行执行，则能够解决说服理事的问题，打通决策痛点。

此外，在具体产品的设计上，也存在着不同的需求，比如公募型基金会对理财的需求与非公募型基金会或企业基金会的理财需求有所不同。中型基金会可以开展理财，但由于其对流通性的要求非常高，只能接受 2 级以下风险的理财。

刘文华：金融如何对慈善资产进行管理和服务？请金融行业代表徐建军进行分享。

徐建军：对于如何成立资产管理公司，本人有三点建议：第一，发挥非文化的优势，激励资金的集合。第二，市场化运作。资产管理公司只有市场化运作才会有生命并长久。而市场化体现到投资理念上即为合规，不能追求保本。第三，构建资产管理公司与现有金融机构之间的开放性竞投关系，利用现有的优秀银行、基金公司等资源，扬长避短，发挥规模化优势。

在这种情况下，选择金融产品十分重要。首先，通过引入外部力量，包括各家金融机构，吸纳建议，筛选出好的产品；其次，在金融产品筛选的基础上，培养资产配置和动态调整机制。此外，作为资产公司的不可控风险问题也需要纳入考量。无论如何，建设资产管理公司的最大意义就在于推动各个基金会的投资理财步入正轨，迈入资产管理保值增值的新阶段。

资本向善，公益金融

深圳国际公益学院董事会主席、深圳壹基金理事长　马蔚华

慈善资产的管理，实际上是一个可持续金融问题和可持续公益问题。由于市场充满不确定性，要求慈善资产管理只赚不赔是无法实现的。风险，是金融的本质。开展任何有关金融的活动，都无法避开风险。近几年，我着重推动影响力投资，以资本向善解决社会问题，促进经济的可持续发展。资本向善，即为使金融资产变成解决社会问题的向善力量。关于公益资产、慈善资产投资增值的探索，则是深圳的一项创举。这一探索可总结为三个层面：符合规律，大势所趋；前所未有，充满挑战；大胆探索，创新示范。

从2016年至今，公益发展的历史总与一定的生产力发展水平、一定的社会发展形式相结合。早期生产力不发达时，慈善只是救助饥寒交迫的弱势群体；进入工业社会后，慈善扩展至王室，为解决公益事业做出贡献；美国工业革命以后，现代基金会为社会提供了大量的公共设施，包括医院、学校、图书馆。发展至今，公益行业又遇到了新的挑战。过去20年全球经济发展迅速，同时造成了财富的积聚。一方面是富可敌国的公司巨富，另一方面还有数十亿人无法满足温饱，以及环境污染、资源耗竭、诸多不平等的加剧等，都是公益慈善正在面临的问题。

借用德鲁克的一句话——“所有的社会问题只有变成有利可图的商业机会才能根本解决。”因此，为解决这些可持续发展问题，慈善公益除继续多捐款外，必须依靠资本和金融的力量，推动包括影响力投资等在内的金融工具的发展。历史发展的规律表明，今天的公益慈善必须采取公益金融的方式，综合运用公益的理念、商业的模式、金

融的手段解决社会问题。具体而言，金融的手段是指影响力投资、影响力债券、慈善信托、公益创投、绿色金融、普惠金融、社会企业等。深圳市提出的“慈善资产管理”问题，符合历史规律与当前大势，它有利于推动公益慈善事业的可持续发展。

与此同时，慈善资产管理作为一项前所未有的新事物，必然会遇到各种各样的困难与挑战。第一，观念认识是慈善资产金融化、资本化的关键阻碍。在加入壹基金之初，我遇到了很多困难。为了在新领域开展公益，提出以现代的管理方法管理公益组织，以市场的原则配置公益资源，以金融的手段实现公益的问题。在发现员工的基本福利无法保证后，我主张以商业的原则进行增值。然而，即使是在壹基金这种具有一定创新精神的组织中提出将受捐资产用于投资，也会听到来自各方的顾虑的声音。在理念上如何看待慈善资产的保值增值，如何看待慈善资产的资本运作与投资，如何看待投资带来的风险，如何看待决策者的责任等，都面临观念上、认识上的挑战。

第二，市场的不确定性及制度约束也会对慈善资产金融化提出挑战。金融的本质就是风险，风险与利润之间有着紧密的联系。银行业不可能因为无法收回的潜在风险而不贷款。为规避可控风险，银行设置了很多制度，比如拨备制度、资本出入率制度、风险控制制度等。然而，即使严格坚持了制度，市场的不确定性仍会带来风险与挑战。

在私募基金中，风险投资具有专门的管理团队，专家在股权激励和跟投制度约束的治理结构中进行投资。通过构建“一荣俱荣、一损俱损”的格局，使专家以高度的责任感为整体投资利益努力。但是，受到制度、政策等的约束，公益领域的基金会无法做到这些。诚然，我们需要以努力和创新去应对慈善资产保值增值过程中的困难与矛盾，但更为关键的是，要形成视不确定性为常态的观念。

尽管有诸多障碍摆在面前，但不能因此而停下脚步。面对挑战与新事物，要乐于接受、敢于创新、勇立潮头。第一，在观念问题上，理念和认知是时代赋予我们的印象，随着时代的变化与发展，新的理念能够在不断摸索中战胜不合时宜的旧理念。第二，在制度方面，应建立起一套完备、严格的制度体系，如理事会决策审批制度、风险内控制度、非营利性的混合资本制度等。同时，也应按照市场的运作，建立相应的激励和约束机制，吸引专业金融人才参与公益。第三，充分利用现代科学技术应对风险挑战。随着科学技术的发展，金融机构已开始运用人工智能等新科技手段与方式降低风险。对于慈善公益领域也是如此。第四，塑造公益慈善文化。慈善资产管理，不是唯利是图，也不是完全没有收益的捐赠，而是要在商业投资和公益慈善之间找到一个合理的位置。当慈善文化建立起来，并深入人心时，公益行业的从业人员就能在掌握专业技能的同时更具人文情怀。

中国慈展会
CHINA CHARITY FAIR

第五章

乡村振兴　大国蓝图

乡村兴则国家兴。习近平总书记指出，要坚持乡村全面振兴，抓重点、补短板、强弱项，实现乡村产业振兴、人才振兴、文化振兴、生态振兴、组织振兴，推动农业全面升级、农村全面进步、农民全面发展。

2019年政府工作报告指出，要对标全面建成小康社会任务，扎实推进脱贫攻坚和乡村振兴。坚持农业农村优先发展，加强脱贫攻坚与乡村振兴统筹衔接，确保如期实现脱贫攻坚目标、农民生活达到全面小康水平。

“乡村振兴，最主要的一个着力点是激发内在的发展动力和活力”“将远离现代化市场的深度性贫困村庄与现代化经济对接”……

第七届中国慈展会期间，“乡村振兴”成为高频词，议乡村治理体系、寻乡村善治之路，让农村成为安居乐业的美丽家园，在数百名与会智士中产生共鸣。

第一节　美丽乡村：乡村振兴战略绘蓝图

解读乡村振兴战略　建设美丽乡村

农业部美丽乡村创建办公室主任　魏玉栋

中国乡村的问题怎么解决？中央提出了一个词叫“乡村振兴战略”。我谈一下对乡村振兴战略的理解。

一、乡村振兴不是一场运动。乡村振兴战略五年规划里面提到，要避免负债搞建设，防止刮风高于一切，所以不能搞成一场运动。从20世纪70年代末，放弃了计划经济体制以后，最大的一个经验，就是“改革”，以及用改革去解决问题。不但这个问题需要靠改革解决，乡村发展动力也需要依靠改革来提供。

二、乡村振兴战略不再是零打碎敲。乡村振兴战略以整体的思维，系统地解决三个问题。我们可以把它看作是系统的第三次努力。第一次是20世纪50年代中后期开始的农村合作社农民合作化运动，第二次是20世纪70年代末80年代初的改革开放。

三、乡村振兴战略跟原来不一样，从2003年到2008年，所有的农业税农业费全部取消，建立了中国特色的三农支持政策架构体系。经过这么多年探索，发现光“给”是解决不了问题的，当然不能够“给”了，现在很多地方的基层政府，在做的还是在“给”。老百姓在做的还是在“等”、在“靠”、在“要”。到很多地方看到都是政府在干，老百姓在看。其实最主要的一个着力点是激发内在的发展动力和活力。怎么去做，靠的是乡村振兴战略，需要在内力上下功夫，主要是找方向、找路子、找档案，靠的是农村再生。

四、乡村振兴战略不能制定考核，更重要的目标是重新定义我们的城乡关系。费孝通老先生之前有个提法——“城乡连续统一”，这是一个比较和谐的关系，晚清之后又出现了结构重组。从那之后，经济功能成为城市的主要功能。我们指向城市，主要是代理商业模式。但是经济公司成立以后对城乡关系的冲击是巨大的。从鸦片战争到新中国成立，我们的城镇化率只增长了 5.5 个百分点。现在我们国家城市化程度每年差不多上升一个百分点，就是我们现在 6 年相当于过去 110 年的增长。整个城乡的关系在不断变动，新中国成立以后，基本上从一开始一个城市属地到现在，我们的方向或者我们的目标如果用一个词来形容，可以称之为“保护系”。

十九大之后，一号文件围绕乡村振兴战略整个的政策取向有三大特征：第一，它是长期性的，体现了战略考量。第二，它是系统性的，体现了整体解决，乡村振兴战略给出了解决三农问题的一把钥匙。第三，它是以问题为导向的。在中期的时候，我认为非常重要的两个依据，一个是中央一号文件，一个是 2020 年的规划。中央一号文件实际上是把它大的政治架构出来。这里边还有很多的政策，比如说财政政策、土地调整政策等。小农政策支持方面，有对合作社、龙头企业的支持，发展适度规模经营，法律扶贫等。明确地说，乡村振兴的主体不是政府，农民才是振兴战略的主体。乡村振兴战略政策的取向，是追求实现社会公平。我们的三农政策，计划经济时代是重视公平，改革开放之后很长时间，我们更重视效率。

乡村振兴跟脱贫是什么样的关系？为什么没有等到乡村振兴战略实施之后，或者脱贫攻坚 2020 年画句号以后，再实施乡村振兴的战略？我们看一下整个中国的历史，乡村的富庶第一个是盛世的标志，因此，我们首先要解决乡村问题。脱贫攻坚是乡村振兴战略的奠基之战和有机可持续部分。

深度贫困综合治理方案——以勐腊县河边村为例

中国农业大学人文与发展学院副教授　董　强

过去几年，在河边村投入的全部社会资源，都是通过小云助贫中心这家社会组织募集到的，特别是2015年、2016年、2017年这3年，通过“99公益日”募集了200万元的公众捐款。这家小云助贫中心，包括中国农业大学，统称为社会力量，社会力量该如何去对接国家的重大战略?

2015年，河边村村民生活的地方离乡村公路有8公里，这里地处热带，每年6—9月是雨季，4个月的时间天天下雨，因为没有公路，这期间村民无法进出乡村，只能待在村子里。这种情况下，我们如何跟政府、跟村里做扶贫工作?

西双版纳州的一个国家级贫困县——勐腊，注册了一家民办非企业单位，叫勐腊小云助贫中心。小云助贫中心是由李小云教授创立的，小云助贫中心做的事情很简单，就是在乡村做扶贫，主要着重于以下几点：第一，把公益资源扎根在乡村，特别是最贫困的乡村。第二，要孵化乡村的草根公益形态，通过这样的公益形态来为乡村社区提供发展和动能。第三，创新微型助贫模式，我们在这个村子里面做了很多的工作，都是很小的项目。先做一个示范项目，然后让村民去看，村民觉得好，我们再一起做。第四，探索村级综合扶贫治理模式。

总体而言，中国的贫困村都是有很多问题的，它不是单一的问题，需要进行综合治理。河边村的实验目标有三个方面。第一，研究致贫的因素，这个村子到底为什么贫困。第二，基于贫困诊断的结果，设计多维度的发展干预措施，帮助农户走出贫困，让其永久脱贫。第三，探索精准扶贫与乡村振兴有机衔接的模式。

通过评估诊断，我们发现这个村子有几个特点：首先，这个村子是个瑶族的村子，有50多户共200多人，但是这个村子没有富人。其次，他们收入单一不稳定，他们不出去打工，主要是农业收入且农业收入也不稳定。再次，这个村庄没有学校，孩子从小学一年级开始就要去隔壁的一个村子住校，周六周日家长必须用摩托车接送，而且必须要有手机跟孩子联系。但摩托车、手机是村民难以负担的“奢侈品”，于是债务就产生了。这样的低收入、高支出，导致产生长期债务。最后，收入刚性的需求特别大。总体而言，河边村是一个长期处于深度贫困状态的村庄。

我们根据实际情况制定了理论框架：一是鉴定贫困陷阱；二是设计跨越路径；三是预测难点风险。我们设计的路径重点在三个方面：首先是发育新业态产业，计划是给它嵌入一个商业型的客房，跟酒店的客房一样，经费来源是小云助贫中心付1000元的材料费，包括一定的技工费，这就是收入的来源，成为资产。其次是基础设施的建设和核心产业体系的开发。最后是以农民为主体。

综合治理内容主要是以下六方面：（1）发育新业态产业。（2）辅助性产业和基础性产业的发展。我们尝试了各种各样的示范，2019年农民养蜜蜂，还种植冬季蔬菜，总之他们现在辅助性的产业的收入也提升上来了。（3）基础设施的建设。现在这个村子通了公路非常方便，游客基本上也可以直接进来。（4）人居环境的改善，景观的建设。在招商慈善基金会的支持下，我们修了一个集体猪舍，这边修景观都是农民干的。（5）阻断代际传递、代际贫困。我们知道贫困它可以传递，文化也是可以传递的，所以我们一方面改善儿童的营养，另一方面注重儿童的文化学习，阻断在儿童阶段形成贫困文化。（6）提升村庄整治。我们刚进入这个村庄时，就组织了村民成立河边发展工作的青年创业小组，我们在2019年年初专门成立了一家合作社，叫西双版纳雨林瑶家专业合作社。希望能培育以农民为主导的面向市场的发展治理体系。有了新业态产业以后，农户的客房、餐厅差不多产生了 170 万元的收入，50 多户，人均有 3 万元左右。

河边村的房子后面就是热带雨林，是非常好的自然资源。干栏式的木质房，全是瑶族特色的，每家设计这样一个客房。每一个客房里都套一个卫生间，卫生间是两层的，上面一层给客人，下面一层是农民用。村里的会议室可以开各种各样国际会议，通过会议把人引流带到乡村。

河边村通过实践探索了一套政府主导，大学公益组织驻点乡村，参与农民为主体的扶贫模式；探索了通过发育新业态产业，将精准扶贫与乡村振兴有机衔接的扶贫方式；探索了大学公益组织如何在最后一公里发挥作用的机制；探索了如何将政府用于公共扶贫的公共资源转变为农户的创收资产的路径；探索了如何培育乡村以农民为主体对接市场的能力。

乡村生态振兴历程——以浙江为例

浙江林学院园林学院副书记、浙江农林大学教授　马军山

浙江是一个很小的省，只有5700万的人口，陆地和海洋面积都只有10万平方公里。浙江是七山二水一分田，基本上都是山，真正的平原很少，是一个资源很缺乏的地方。从2003年开始，我参与到浙江省乡村发展的整个过程，到现在已经16年了。

大致回顾，第一个阶段就是从2003年到2008年，叫千万村庄工程。2003年的时候浙江开放经济。浙江虽说资源并不丰沛，但人非常勤劳。因此经济发展还比较快，大概在2003年的时候，经济排名已经上升到全国的总量第四位，但是发展中没有保护好生态。这时候习近平总书记从福建来到浙江，他不仅仅抓经济，还抓生态。千万村庄工程是习近平总书记亲自提出、亲自部署和亲自推进的，称为千村示范，万村整治阶段。浙江那个时候的村庄大概是45000个，一千个村庄做示范，一万个村庄做整治，基本上是十分之一的精装，全部整治。2003年的时候，乡村比较破落。大家都知道嘉兴是鱼米之乡，是中国经济比较富庶的地方，但当时河道已经废弃，船也没什么用，然后河里面淤泥基本堵上。农户家的场院上面也有烂砖头、烂泥巴。因此，我们主抓生态，思考如何把这些堵塞的河道重新疏通，让它变得水清树绿，让生活污水一个个地纳入管道。到2006年，至少有一半农户的生活污水全部纳入污水管道里。我们称之为“美丽乡村”阶段。

对现在的启发借鉴：第一，是城乡开始统筹，助力乡村的发展。那个时候整体的经济差，钱都投入到城市里，相对公共设施也有差别，数量比较少，这个时候最重要的是主动投入，甲说我们自己捐10万元，乙说我们捐1000元。虽说这种投入对村庄终究是杯水车薪，但因

为浙江省开始得比较早，就解决了这个问题，我认为这是政府的力量。第二，是对公共事务有了关心。如果公共事务没人管，走出家门全是脏乱差，怎么生活。所以这个时候又有了公共事务的管理，也就是说有人管了，文化也有人去做。第三，是乡村生活有了信心。原来这个村庄每家每户生活还不错，但是村庄根本见不到公共地方，经过了全程示范万村整治的村庄，青年人看到新的希望，老人们也很开心。

这个"基础工程"拓展到了"美丽工程"，就像人一样，开始的时候只要吃饱穿暖就行了，后来要穿得漂亮。第二个事情就是从"村庄"拓展到"乡村"，从单个村庄拓展到了生态精品线，或者叫美丽乡村的精品线，不是一个村庄，一个指标，而是一条线，整个连起来就像山水画一样。这个时候乡村开始蝶变，乡村的内涵更加丰富，外延也得到了拓展。

授人以渔推动农村发展

中华少年儿童慈善救助基金会副秘书长　姜　莹

截至2019年9月，中华少年儿童慈善救助基金会募集社会资金25亿元，帮扶超过500万以上的少年儿童，超过70%的资金来自社会公众，在扶贫实践中，我们做了以下探索。

产业扶贫。参照江西省遂川县的扶贫内容，用授之以渔的方法做了光伏项目，通过扶贫的电站帮扶当地脱贫，同时把这些每年可持续产生的善款持续资助当地少年儿童。

医疗扶贫。截至2019年9月，针对医疗扶贫，我们筹资超过10亿元，累计帮助2.2万名的大病儿童。帮助贫困地区避免因病返贫是非常重要的内容。我们期待用更好的方法，能在授之以渔的形成下不断推动农村的发展，特别是儿童发展的领域。

教育扶贫。我们的教育扶贫覆盖18个省市，累计设立和支持幼儿园500多家。在有中小学的乡村持续投入，整体投入资金超过700万元。期待在教育领域能结合扶贫当地的特殊性同时在儿童学前领域持续发展。我们期望未来“不忘初心、砥砺前行”，呼吁社会各界的爱心切实献到贫困地区，帮助这些少年儿童解决发展问题。

第二节　希望小镇：扶贫模式展企业“特长”

“希望小镇”助力乡村振兴

华润慈善基金会秘书长　刘默涵

华润慈善基金会是华润集团在 2010 年发起成立的，目前，华润慈善基金会对外捐赠累计达到 13 亿元。重点聚焦两方面：一个是品牌公益项目——华润“希望小镇”，华润举全集团之力到贫困革命老区去对口帮扶一些贫困村庄；一个是承担了国家的两个贫困县，尤其是西部地区宁夏中卫市海原县深度贫困地区的精准扶贫项目。

华润“希望小镇”项目最早缘起于 2008 年，那时是华润集团成立 70 周年。华润的基因里面讲感恩文化，华润发展到今天首先要感恩社会。如何实现感恩？跟我们有血亲联系的贫困革命老区是我们首选的地方。2008 年华润集团成立 70 周年，到 2018 年华润集团成立 80 周年，2019 年是 81 周年。11 年间，华润在全国捐建了 12 个希望小镇，建成了 8 个，有 4 个还在建。

“希望小镇”是做四件事，这四件事是根据老百姓的需求来的。我们跟革命老区的村民接触，发现他们的居住环境非常差。对农民帮扶的第一步，是通过帮助村民改善他们的居住环境和生活配套。第二步，通过很多调研，发现政府建设了很多社会主义新农村，但是村民的腰包不能鼓起来，还是不能在好的房子里住下来。因此，通过“企业家+合作社+农户”的方式，来帮助当地农民因地制宜发展种养业，同时发展集体经济。现在从第一产业、第二产业发展到了乡村旅游这个第三产业。最早我们到很多贫困乡村，感受最深的是村组织的无力，无论是村党支部、村支书，还是乡镇一级干部和村民之间的矛盾冲突。如果一个村庄要可持续发展，要有人治理，就要有稳定的保障。这是第三步。第四步是精神重塑。乡村的发展，精神的重塑是迫不及待的。2012 年我们做了两件事，第一是帮助修葺了村里的徐氏祠堂。当时这个祠堂成了当地的一个猪圈，18 个猪圈在祠堂里面，祠堂塌了一半。把祠堂修起来之后，徐家人恢复了祭祖的习惯，每年大年夜徐家人一起守岁，大家有了对祖宗的敬畏，他们重新开始背祖训，有了对祖宗的敬畏感，人就不一样了。第二是对当地的一个废弃的小学进行了修缮，改建为一个二层建筑公共空间，作为村民婚丧嫁娶、村民议事的公屋。2016 年 8 月，这里发生了特大洪水，这边的老乡自动把公屋和祠堂收拾出来，收纳周边村镇的灾民。

2018 年，十九大发布了“乡村振兴”的国家战略，在深入进行了政策的解读后，我们请社科院社会责任中心的专家用时 8 个月深度调研了所有的希望小镇。“希望小镇”的四大建设愿景——“环境改造、产业帮扶、组织重构、精神重塑”，全面回应了习近平总书记提出来的乡村振兴的要求。

以海原“希望小镇”为例，首先从改造居民生活环境开始。12 个希望小镇都是跟高校一起完成规划设计。所有的房屋从窗户怎么开、屋檐开出来多少、房间的布局到所有的公共设施的配套，全部是源自于村民对生活的需求。整个规划做下来，前期的入户调研用了半年时间，基本上每个村民都会进行四轮系统的入户调研。海原有西安交通大学为我们提供免费规划设计的支持。

产业帮扶方面，帮助他们成立合作社。当地到 10 月底就进入封冻期，零下十几度，到第二年才开动，每年 5 个月时间没有活干，但是当地有非常好的非遗文化——回绣和剪纸，所以开展了培训。坚持做了三期，培训了 1200 多人次。

组织重构方面。在海原这样一个回族自治区，我们让他们知道，华润去帮扶不是因为阿拉真主，而是中国共产党，他们说的第一句话不是感谢主，而是感谢中国共产党。

精神重塑方面。当地很多小孩子是留守儿童，很多孩子没有想象力，没有走出过大山。在一片贫瘠中，我们有了“润心园丁”计划，为他们开展音乐、美术、体育课程。当地的女孩子 16 岁就会结婚，很多中学没有毕业被迫辍学，所以很多女孩子想要保护自己。我们问他们小学想要学什么课程，有女孩子找学校老师问，老师你是不是当过兵，可以教我们打拳吗？这让我们很惊讶。

这是一个地处偏远的资源匮乏的地区，去改变人，让他们跟外地市场有经济的互动和连通，让他们的精神能够转变过来，让他们能够富起来，这是我们想做的。

最后，引用梁漱溟先生的一句话：“乡村建设，实非建设乡村，而意在整个中国社会之建设。”

抓住乡村振兴机遇

国务院参事、友成企业家扶贫基金会常务副理事长　汤　敏

最近一段时间，我们已经开始从扶贫领域慢慢转移到了乡村振兴。这对于公益机构来说也是一个机遇，对农村的农民来说是一个机遇，对企业来说也是一个机遇。如何抓住这个机遇？其中第一重要的是人才问题，然后是未来乡村振兴发展的方向性问题。

大家听到的多是乡村凋敝，多是年轻人都离开乡村了，乡村环境问题等。这是一个事实，我经常到乡村去，确实看到很多问题，但是正因为有这些问题，才需要乡村振兴。党的十九大已经提出乡村振兴三步走大战略，这些大战略解决的就是所需要解决的问题。

最近我到了好几个农村地区，看到了一些景象：这是在广西一个农村中的一个产业，在鱼塘上养鹅、养鸭、养猪，这些动物排出的粪便掉下去喂鱼，很环保。大家可能不知道，中国水果有25%～33%是进口的，咱们自己就不能生产水果吗？广西有个贫困地区，原来种的玉米一亩地一年刨去种子、肥料，最多只能赚500元。但换成种芒果以后，一亩地将增加将近一倍的收入。这是两个老夫妇在养鸡，一年要养4万只鸡，他怎么养？政府给他盖了鸡棚，由公司给他提供小鸡苗和饲料，两个老人负责把这些饲料放在筐子里，鸡来吃，鸡吃完了就跑去旁边的树林睡觉，这样的鸡到城市可以卖到三四十元一只，而两个老人一只鸡只拿两块钱，鸡有病的时候都是由公司处理，他就负责每天放点饲料就行了。一只鸡两块钱，4万只鸡一年8万元钱，每个人有4万元钱收入，比年轻人到城市打工都不差。连这些都没有怎么办呢？贫困地区非常典型的就只有山和石头，我们干脆弄个攀岩，结果这个地方变成了攀岩的基地，全中国的攀岩人都跑去那里爬山，

他们对环境修整一下就变成了一个旅游胜地，原有穷山恶水的地方一个主意就把一个产业带动起来了。如果连这个都没有，怎么办？广西的平果县，他们什么都没有，就开始在村子里做扶贫车间，干什么呢？生产一次性的飞机上的耳机。年轻人、中年人甚至是老年人，把鸡和猪喂好了，把孩子送去上学了以后到车间工作几小时，然后回家做饭，孩子送去之后再做几小时，这样一年也能赚一些钱，没有比外面打工多，但是他不需要出去住房，不需要离开，这也推动着农村快速发展。

以上这些都是从生产的角度，再看农村消费的角度。国家统计局给出的数据，2017 年农村居民的可支配收入是 13432 元。也就是说，我们现在农村每个人的收入实际跟十年前中国城市的人均收入是一样的。但是要注意，城市可支配收入有三分之一到一半拿去做住房抵押，还房贷了，人家农村的住不用钱，菜不用钱，他们购买力是非常强的。从商业角度来说，也有很多的机会。怎么才能让乡村振兴起来呢？我们来看一个例子。一个原来在北京当翻译的女孩子，回到乡村之后成了木兰围场的猪倌。我们给她电商培训，结果她不只自己赚出了第一桶金，还带动了乡村里的贫困户脱贫。

全中国已经有 750 万年轻人返乡，他们都想在农村做事，但是他们缺模式、缺资金，特别是他们缺一些师傅带他们，从这个意义上来说，乡村振兴首先要有人才，重要的是年轻的人才，怎么样把现在已经回去的 750 万人培养成才，怎么样把好的经验让年轻人去做，而不是公益基金会自己跑去做，这是我们需要大力推动的。

4 年前，我们做了一个“让妈妈回家创业”的项目，给苗乡的农村父母做一些电商培训。全国有 12000 个村子，每个村子里培养一个农村妇女，67%都开出了店，每个月能赚 500～3000 元，不但自己富了，而且把村子里的东西卖了出去。受这个启发，中国慈善联合会专门成立了乡村振兴委员会，我们开始把这一套方式推到更广的地方，也就是要培养一批懂农业、爱农民、爱农业的乡村振兴“领头雁”，让这些年轻人发挥他们的作用。如今全国已有 16000 个返乡青年跟着我们培训。我们还组织社群交流、实地培训，把优秀学员送到清华大学培训，社会上找一些企业给他们创业基金，让他们有更好发展，第一期已经有 2600 人。除此之外，我们还和快手、阿里巴巴、京东等等合作，这些工作都是可以推进下去的。

乡村返乡青年可以培训，而农村更需要乡村教师和农村医生。于是我们开始了对乡村教师的培训，我们叫“青椒计划”，也就是青年教师的培训计划。过去两年，我们一共培训了 5 万名乡村教师，每个教师教 100 个学生，这就间接影响到 500 万学生，现在这个项目还在继续推动。我们还在跟中国红十字基金会策划，如何把这个模式推广到农村医生的培训。对他们进行培训，让他们提高医疗水平，特别是预防治疗，也能大大改善农村贫困地区的情况。我们联合了很多的企业、公益基金会一起推动，我们称之为“新木桶理论”。每一个基金会、每一个公益组织是一块板，几十个基金会合起来的一个大木桶，就可以装更多的水，解决更多的问题。

很多的商业企业现在叫“得小镇青年得天下”，突然他们发觉小镇青年才是最近几年里发展最快、消费发展最快、最有活力的一批人。下一步就是得农村得天下，农村做好的话，这里有大量的机遇。如果把企业和政府公益机构合作起来，我们才能做成一些大事，才能在乡村振兴这个大的战略中起到大的作用。

公益组织在乡村振兴战略中的作用

中国红十字基金会赈灾发展部副部长　廖　玲

乡村振兴不只是经济话题，更是一个涵盖社会、文化、生态等各领域的综合发展问题。

新中国成立初期，在政策和制度安排上注重向城市和工业倾斜，使得城市经济规模不断扩大的同时自然村落数量却在减少，城乡居民收入差距拉大。随着国家推行城乡统筹发展战略，开创了以城带乡、城乡互动的新格局，我国农村发展取得长足进步，但仍存在农业基础薄弱、农村发展滞后、农民增收缓慢的状况，成为实现乡村振兴面临的挑战。

2018 年 1 月 2 日，中共中央、国务院发布《关于实施乡村振兴战略的意见》，提出乡村振兴的总要求："产业兴旺、生态宜居、乡风文明、治理有效、生活富裕"。同时也提出了构建乡村振兴新格局要坚持乡村振兴和新型城镇化的双轮驱动，统筹城乡国土空间开发格局，优化乡村生产生活生态空间，分类推进乡村振兴，打造各具特色的现代版"富春山居图"。特别是提出要健全社会力量参与机制，引导、激励社会各界更加关注、支持和参与到乡村振兴中。

2019 年 1 月 3 日，中共中央、国务院发布《关于坚持农业农村优先发展做好"三农"工作的若干意见》，又进一步为实现乡村振兴提供政策支持和指引。在实施乡村振兴战略，构建乡村振兴新格局的事业中，政府、市场、社会三大主体缺一不可。

公益组织可凭借自身独特优势成为政府的有力助手，在凝聚共识、重塑乡村文化、激活乡村振兴的内生动力、创新乡村治理体系、促进可持续发展等方面发挥积极作用。

公益组织凭借自身的公益属性，不以盈利为目的，为乡村居民提供他们需要的社会服务，谋取福利，贴近乡村现实需求。因此，公益组织也容易获得乡村居民的信任，吸引他们自愿参加到活动中来。

公益组织凭借独特的工作方式，特别是采用社会工作方法，可以更好地激发乡村居民参与乡村振兴的积极性和自主性，培育谋求自我发展的理念和意识，树立乡村新风气。

公益组织凭借自身平台优势，可以为构建乡村振兴新格局嫁接所需要的社会资源。特别是在倡导和动员社会力量共同参与乡村振兴方面具有有效经验。

“博爱家园”是在中国红十字会总会项目框架内，在城乡社区开展的“推动社区治理、防灾减灾、生计扶贫、促进发展”为目标的人道公益项目。截至 2018 年底，在中国红十字会总会布局下投入 1700 多万元，接受了 174 个“博爱家园”韧性社区，在非洲尼泊尔有 4 个“博爱家园”，在国内受益人口 24 万。

“博爱家园”韧性社区有六个特点。一是居民具有丰富的知识，能够满足基本需求；二是社区居民之间有紧密的邻里关系和联系；三是居民在本社区就有谋生机会；四是社区可以为居民提供完善的基础设施和公共服务；五是居民可以管理和使用社区的自然资源；六是社区不是独立的存在，而是与外部资源有链接。从韧性社区这六个特征可以看出，韧性社区具备乡村振兴新格局的经济、社会、文化、生态要素。

如何打造韧性社区，具体做法有三个方面：一是社区参与，推动社区治理，重塑自助互助的社区文化精神。二是“社区为本”减灾活动，注重社区减灾软硬件建设有机结合，完善社区生态环境。三是生计保护，将扶贫与扶智和扶志相结合，让贫困农户有尊严脱贫。

具体在实践当中我们怎么做呢？要强调社区参与，让村民通过参与活动来发现社区问题、识别社区资源。通过这样的方式，我们去推动社区的治理，重塑自助、互助的社区文化精神。同时还要尊重女性的意见，倾听妇女的声音。通过这个过程来促进乡村里不同背景的人来达成共识。同时我们有针对性地开展居民的培训，培训内容包括卫生健康知识等，不断提高他们对环保的意识。

第三个大的做法就是开展生计保护，将扶贫、扶智和扶志相结合。我们建立了一笔精准发展基金，我们的基金不是一次性的救助资金，而是一笔产业发展孵化金。按照项目要求，这笔钱是要在项目点循环使用的，可能第一批项目资金帮助了这户贫困家庭，在循环滚动起来之后，又通过它们传递到下一批受益的家庭，最后让社区更多的家庭受益，实现可持续的发展。通过这种方式，我们不仅把扶贫与扶志、扶智结合起来，还把爱心传递下去，最后让更多的家庭受益。最后，凭借平台资源来动用更多资源开展扶贫活动，比如说跟电商对接。通过这样的消费扶贫，一方面向社会公众倡导消费即慈善，购买即公益的理念，让公众能够便捷参与公益；另一方面借助电商平台的力量将助农产品销售出去，转化为贫困户的收入，实现精准受益。第二届众筹扶贫大赛共吸引来自 28 个省、直辖市、自治区的 409 个助农项目参与，其中包含 127 个贫困县的团队。一个月的众筹时间里，这些项目已经助销农产品 900 多万元，吸引 130 万社会公众参与。

不论我们做社区参与式活动，还是给社区居民做知识培训，还是升级扶贫，都是为了达到一个目的，就是从理念的改变实现可持续发展。

依托当地人才实现乡村振兴

国际公益学院校友会副秘书长、北京智德灵成文化执行董事
任　涛

有很多朋友问我，政府以及很多社会组织已经投入了这么多的资源，为什么大凉山地区还会有各种各样的问题？我们走进大凉山，与当地的政府官员、NGO、学者做了深度的探讨，最后总结了几个关键词。

大家认为，大凉山问题产生的原因有三点：第一，深度；第二，综合性；第三，系统性。这样就有下一个问题，既然大凉山问题是综合性、深度、系统性的，如果我们一个单一组织到了大凉山，所有项目设计能按照预期设计达到最好的评估效果吗？国际公益学院校友会想 2019 年在大凉山发起公益联合行动，邀请这些所有已经或者将要在大凉山地区开展公益项目的公益界同仁，包括企业家、爱心组织一起到大凉山去，跟那里致力于解决大凉山问题的政府部门、当地的 NGO，还有当地学者，一起组成联合项目办公室，把资源整合起来。

我们建议从两个方向着手，第一是依托当地人才的乡村振兴。第二，我们想还是要从教育着手。举个例子，我们跟大凉山地区的教育主管单位探讨教育方向，他特别希望我们社会组织能够参与到当地一村一幼的建设当中去。今天我听到了很多好的项目，我们想在幼儿园的师资培养、营养、卫生健康、体育、艺术类素质培养等一些能切实解决当地教育与健康问题的公益项目，我将会在最近逐一拜访。我们希望在今年之内，一起走到大凉山，创造“1+1>2”的公益尝试和实验。

第三节 圆桌论坛：构建乡村振兴新格局

圆桌主持人：

清华大学公共管理学院教授、清华大学公益慈善研究院副院长、社会创新与乡村振兴研究中心主任　邓国胜

圆桌嘉宾：

中广核集团办公厅副主任、扶贫办主任　王宝山

新华社高级记者、原新华社浙江分社、辽宁分社社长、中天爱心慈善基金会副理事长　费　强

广东省和的慈善基金会秘书长　汪跃云

华润慈善基金会秘书长　刘默涵

新华公益创办人、北京接力公益基金会秘书长　高向梅

邓国胜：此次讨论的主题叫作“构建乡村振兴新格局”。新格局的表现之一就有社会力量的参与。我知道中广核做精准扶贫、乡村振兴中有很多很好的做法。首先想请中广核的办公厅副主任王宝山先生给我们分享中广核到底如何发挥企业的优势，来助力产业振兴。

王宝山：中广核是从 2001 年开始有体系、有组织地开展扶贫工作，目前在全国派驻了 27 名脱贫挂职干部，定点在广西两个县，中广核是做实业的企业，主要是做核电，我们觉得在脱贫攻坚和乡村振兴过程中，产业是非常重要的支撑。

我们在贫困地区成立了清洁基金开发风电项目，开发风电项目能把当地的风资源开发出来，助力当地脱贫，同时村基金能入股一部分项目，获得持续利润。我们还有自己的太阳能，把太阳能板竖到了新

疆、北疆的阿勒泰地区。大家都称之为“马背上的太阳”，我们一直在做产业扶贫项目。同时我们还自主研发了一些科技项目。

作为一家科技企业，我们尝试做了两个科技型产业的项目，一个是核技术辐照保鲜，我们在做猕猴桃产业时候预判，未来 5 年猕猴桃将大量发展，但这种水果的寿命又太短，需要拉长销售期，它的保鲜就非常重要。我们就用核技术辐照，使它的保鲜期延长至 105 ~ 120 天。另外，我们集团正在开发的一个节能产业，就是把动物的粪便，牛粪或者是玉米秸秆整合在一起，变成燃气和有机肥。我们在河北的衡水和新疆成功建设成示范项目之后，现在已经在内蒙古建设了 11 个这样的厂，一个厂大概投资 2 亿~3 亿元，内蒙古有这么多的牛，牛粪的污染就是一个大问题，同时也有大量的玉米秸秆，我们就在当地建设了节能厂，把这些问题解决掉之后大力发展乳品业。

邓国胜：江湖一直有传言，说社会力量在精准扶贫过程之中集体失声了，我不知道您是否同意这个观点？您是怎么来帮基金会做宣传推广扩大影响力？

费强：我是做企业基金会的，企业在发展好的时候，拿自己的钱出来投入公益慈善，必然要受经济形势的影响。在大的风浪来临时，受到的压力最大的是弱势群体。弱势群体最需要公益慈善组织关注的是什么？企业基金会面临着经济形势的压力，我们在这种形势下，究竟如何把公益慈善做好，做到精准扶贫，我想我们的体会就是，有心雪中送炭，无意锦上添花。

慈善公益组织做了大量工作，但也有一些属于不可持续的项目，没有形成新的生产力。结合企业基金会，中天慈善基金会在实践当中是一个资助型基金会，我们在反思，我们的产业是中国 500 强，在民营建筑企业中的竞争力多年排名全国第一，但是这种产业优势怎么跟可持续扶贫结合起来？我在想一个问题，基金会能不能在乡村振兴的机制和制度性建设上做贡献。一个是像中国红十字会总会一样自己创新，还有就是基金会拿钱出来，设立一些课题，让全社会的人，专家学者来做一些调研，为国家做一些制度性的建设。我记得国外的 NGO 对政府决策是产生重大影响的。我把意见提出来，希望全国各地的专家和智库一起对这些问题进行研究。

要明确乡村振兴和乡村脱贫是两个概念，乡村振兴从我的感觉，就是在可持续脱贫的基础上，把我们国家几十万个乡村和几亿农民建设成能为中华民族伟大复兴做出贡献的新农民。乡村振兴要搞好的话，会成为国民经济当中重要的增长部分。乡村振兴的目标，不仅仅是让他们有饭吃，而是要它为国家做贡献。像美国在发展过程中，它的农业也是对国民经济有很大贡献。我们乡村振兴也是要朝着把第一产业做成国民经济的重要增长部分，农民成为有知识、有文化、掌握现代知识文明的新农民，这样国家的经济就会非常好。

现在的财政制度大家都有体会，有相当多的地区是财政转移支付的。财政转移支付制度要进行到什么时候为止？我接触到一个刚刚脱贫的县委书记，他就有一个想法，他说我也不愿意老是背财政转移的帽子，但从某种意义上讲，我们县为国家提供了青山绿水，提供了很好的自然资源，优质的农副产品，提供了优质的劳动力，我让县里几十万人口能够安居乐业。但我解决不了自己的支出。这方面的问题要怎么来研究？包括经济发达地区和贫困地区对口资源长效机制的研究、鼓励企业帮助贫困地区产业脱贫模式的研究、贫困地区乡村干部队伍体系建设、如何发挥大学生村支书作用研究、贫困地区教育现代化建设模式的研究等。

邓国胜：媒体人才如何帮助社会组织扩大影响力？

高向梅：我是 2019 年 1 月离开新华社，加盟了接力公益基金会做秘书长，所以今天特别高兴见到我的老领导。最近半年来，我特别开心的是在新华社的好几位前辈，纷纷加盟了公益慈善，比如说中华慈善总会的刘副会长，他也是新华社前人事局局长，在《光明日报》总编辑的岗位上，经中组部批准去的中华慈善总会。我想说，邓院长说媒体集体失声我是不同意的，但是要认可发声远远不够，大家看到材料上写的我的职务是新华公益创办人，确实在座很多公益圈的老师和伙伴都是我在做报道的过程中认识的。现在媒体人介入公益报道，还是跑会形式比较多，这专业性特别强的往往发不了稿。然而，短短的新闻稿和消息稿，对公益江湖来说又是远远不够的。

邓国胜：华润集团是国内第一个发布乡村振兴白皮书企业，您觉得在乡村振兴新格局过程中，社会组织的角色到底是什么？

刘默涵：就我而言，乡村振兴白皮书还有赖于各位专家们的指导。我之前一直在华润办公厅工作。社会组织首先是政府的有力补充，华润希望小镇之所以能成功，是因为所有小镇的规划，从环境的规划、建成规划到产业规划到组织架构的规划到乡村建设的规划全部是与政府有一个充分的沟通，我们会服从于政府的规划，成为政府的有力补充。

其次，社会力量应该成为国家乡村振兴创新力量，因为社会组织相对于政府、社会而言，有巨大的灵活性，我们可以探索，甚至可以试错。2018 年，我们提出华润希望小镇项目的设想，拜访了很多贫困革命老区，当时只有广西有一位姓刘的书记接受了我们的理念。后续在执行过程中也遇到了很多不接受我们理念的地方政府和合作方，但是我觉得社会组织有责任去做创新，去做探索。

再次，社会组织尤其是华润慈善基金会这种社会组织，既有基金会的角色也有企业的身份，我们能更好地把公益力量和社会力量相结合。最早我们的产业是聚焦农业，注重于社会回报和风险评估，但是农业投资周期长，受到天时影响。我们适时增加乡村旅游。我们的市场嗅觉相对于当地的老乡来说，会更敏锐一些。所以，我们发挥的作用就是把市场和政府的力量做一个嫁接，将市场的力量和公益的力量有机结合起来。

邓国胜：和的基金会在乡村振兴中做了大量探索，也面临很多问题或者困难挑战。您认为社会力量在乡村振兴构建新的格局中，需要怎样的政策制度环境？

汪跃云：以前是讲政府搭台，企业唱戏。但现在对我们来讲，需要看政府开放到什么程度，有没有一些具体配套落实措施。目前来讲可能还比较难。因为这个东西很难通过规定体现，这时候社会组织的力量就凸显出来。举韶关的例子，我们是在2017年开始进入韶关做乡村振兴公益基金会，其中一个重要功能，就是要去搭建一个社会力量多方协作跨界参与的平台，这个平台是需要跟政府默契协作的，通过两年跟当地政府协作也有了比较好的默契，希望我们引进更多的社会力量一起参与到工作中去。但是落实到制度的话，可能还需要一点时间。聚焦在2020年脱贫攻坚的任务的完成，我想良好的互动与合作是非常重要的。

邓国胜：要发挥社会力量在精准扶贫和乡村振兴中的作用，顶层设计有了，关键是怎么通过具体实施细节去落实？最后每位有一句总结发言。

王宝山：做扶贫工作是需要“用力”做的，这个力是财力和实力，同时光有力还不够，还要用心去做，要用绣花的功夫做扶贫，只有这样才能把扶贫做好。扶贫不是施舍，帮助别人就是帮助自己，同时用力、用心的时候，还要把感情注入其中。我们经常说激发贫困人口的内生动力，扶贫的人也需要激发内生动力，要用心、用力、用情做扶贫，只有这样，才能形成脱贫或者说乡村振兴的长效机制。

汪跃云：第一，乡村振兴一定要焕发新的生命力。第二，社会组织不能满足于只做生产关系的一部分，要成为生产力的一部分，这样乡村振兴才有良好发展。

刘默涵：华润有一句口号叫携手共创美好生活，我认为中国人的美好生活在乡村，乡村振兴也是为了在座的我们自己。

高向梅：乡村振兴不是钱的问题，乡村振兴应该是精神劲儿和烟火气，要发自内心的热爱生活、热爱自己的家乡和土地。如果一定要说一句话，一群人聚在一起叫“伙”，一大群人一块走路叫“伴”，我们这些有情怀有理念的公益伙伴聚集在一起，应该就是最准确的“不忘初心，砥砺前行”。

中国慈展会
CHINA CHARITY FAIR

第六章

脱贫攻坚　特区担当

改革开放的“先锋城市”深圳，怀着“感恩改革开放、回报全国人民”的情怀，在脱贫攻坚工作中切实肩负起经济特区使命。

党的十八大以来，深圳投入财政帮扶资金超300亿元，对口帮扶全国9个省2446个贫困村、约170万贫困人口，创造出一大批精准帮扶的深圳样本。为此，深圳赢得爱心之城、慈善之城、公益之城、志愿者之城等美誉。

“聚焦深贫地区主战场，争当脱贫攻坚主力军”“要针对深度贫困地区最迫切的需求，一鼓作气、顽强作战”“希望深圳借助先行示范区新政策，在脱贫攻坚与乡村振兴有效衔接上有更多新探索”……

在中国脱贫攻坚的关键节点，在第七届中国慈展会上，一场聚焦于“深圳经济特区扶贫实践与探索”的分议题研讨会，就深圳新时期如何助力打赢脱贫攻坚“关键之役”建言献策。

第一节　特区担当：以特别之为助力脱贫攻坚

脱贫攻坚的深圳实践与特区担当

深圳市副市长　黄　敏

深圳是一座爱心之城、慈善之城、公益之城、志愿者之城，我们始终怀着“感恩改革开放、回报全国人民”的情怀，切实肩负经济特区的历史使命和政治责任，扎实践行习近平总书记关于扶贫、脱贫和乡村振兴的重要讲话精神，积极开展对口支援和精准扶贫工作。

党的十八大以来，深圳累计投入财政帮扶资金超过 300 亿元，对口帮扶新疆、西藏、重庆、广西、广东、四川等全国 9 个省 2446 个贫困村，约 170 万贫困人口，选派扶贫干部 3000 多人次，创造出一大批精准帮扶的深圳样本，生动展现了特区担当和深圳作为。最近，中共中央国务院出台了《关于支持深圳建设中国特色社会主义先行示范区的意见》，这是习近平总书记亲自谋划、亲自部署、亲自推动的重大战略决策。高质量做好扶贫合作交流是深圳建设中国特色社会主义先行示范区的历史征程中，必须要抓紧谋划的一项重要工作。

2019 年是新中国成立 70 周年、深圳建市 40 周年，也是打赢脱贫攻坚战的关键之年。我们希望以本次会议为契机，分享深圳在扶贫协作和合作交流上的工作经验和工作成果，解读深圳扶贫模式，着力打造脱贫攻坚的深圳样本，以第七届中国慈展会为平台，邀请深圳对口帮扶和交流合作地区的领导和新闻单位的总编开展专题研讨，成立扶贫合作宣传媒体联盟，全面展示各地区脱贫攻坚成就，讲好脱贫攻坚故事，凝聚共识，为如期打赢脱贫攻坚战、早日实现乡村振兴营造良好的社会氛围和舆论支持。

今天来了很多媒体，深圳和我们对口帮扶地区的媒体总编，你们有很深的理论功底和很接地气的案例，希望能为深圳的公益慈善事业和对口帮扶工作多提宝贵意见和建议，为我们共同实现脱贫攻坚打下一个好的基础。

聚焦深贫地区主战场，争当脱贫攻坚主力军

国务院扶贫办社会扶贫司副巡视员　王大洋

2019年是新中国成立70周年，也是深圳建市40周年，同时还是深圳建设中国特色社会主义先行示范区的第一年。在这样一个重要的时间节点，我们在中国慈展会期间继续举办“深圳经济特区扶贫实践与探索暨扶贫合作交流研讨会”，充分展示和体现了深圳市对扶贫工作的高度重视。

党的十八大以来，以习近平同志为核心的党中央，把“脱贫攻坚”作为全面建成小康社会的底线任务和重要指标，摆到了治国理政的突出位置。习近平总书记亲自挂帅，亲自部署，亲自出征。十八大以来，习近平总书记的50多次国内考察，40多次都涉及扶贫。连续5年召开了6次脱贫攻坚的座谈会，进行全面部署。党的十九大以来，习近平总书记每个月都对脱贫攻坚做出重要指示批示。在全党、全国、全社会的积极推动和参与下，6年来，我国现行标准下的农村贫困人口从2012年的9899万，减少到去年年底的1660万。贫困发生率从10.2%下降到1.7%。建档立卡的贫困村从12.8万个减到目前的2.6万个。全国832个国家级贫困县，已经有436个宣布脱贫，今年还将有330个贫困县计划脱贫摘帽，1000万以上的贫困人口脱贫。这些成就谱写了人类反贫困历史的壮丽篇章，彰显了中国共产党领导的政治优势和社会主义制度优势，为全球减贫事业贡献了中国智慧和中国方案。

在这其中，深圳市做出了重要贡献，发挥了重要作用。深圳市认真贯彻习近平总书记关于脱贫工作的重要论述，全面落实党中央脱贫攻坚决策部署和广东省的工作安排，党政主要领导亲自研究部署，分

管领导靠前指挥，重视程度、投入力度、工作成效都取得重大突破。2017年以来，深圳市对口帮扶涉及9个省区市的54个贫困县，共安排帮扶资金接近150亿元，派出党政干部1000多人，推动党政干部、教师、医生挂职交流培训1000余人。特别是今年以来，推动企业进驻深巴大健康合作特别实验区、共建产业园区等落地，创新开展消费扶贫等。这些工作力度空前，颇具特色，让人印象深刻。深圳市的对口帮扶工作扎实推进，很有成效，体现了深圳的优势。

借今天研讨会机会，提几点建议，供深圳市的各位领导和朋友们参考。

第一，希望深圳市继续打好全面小康的攻坚战，聚焦深度贫困地区这个主战场，争当脱贫攻坚的主力军。

第二，当好东西协作的新标杆。深圳市对口帮扶的范围和承担的任务是非常重的，发挥了非常好的作用，我们希望今后能够在投入力度上、在工作方法上、在帮扶成效上当好新的标杆。

第三，建好消费扶贫的示范区。全国消费扶贫活动的第一站是在深圳市启动的，这是全国的第一炮，希望深圳市动员全社会的力量，积极参与消费扶贫，与贫困地区建立长期稳定的供销关系，创造消费扶贫的深圳模式。

第四，种好扶贫改革的试验田。中共中央国务院在《关于支持深圳建设中国特色社会主义先行示范区的意见》中做出了详细的部署和规划。我们希望深圳用好这样的政策，在政府、市场、社会协同推进的大扶贫格局上能够有更多的创新探索，在城乡统筹扶贫方面有更多的创新探索，在脱贫攻坚与乡村振兴有效衔接上有更多的创新探索。

脱贫攻坚责任重大，使命光荣，希望深圳市继续加大工作力度，把对口帮扶工作不断推向深入，为全面打赢脱贫攻坚战、全面建成小康社会做出新的更大的贡献。

讲好脱贫攻坚的“深圳故事”

民政部慈善事业促进和社会工作司副司长　孟志强

近年来，深圳市委、市政府积极开展对口支援东西部扶贫协作和省内的全面对口帮扶，取得了显著成效，同时创新开展深圳扶贫协作地区农产品的展销活动，在这届中国慈展会上，也为消费扶贫展馆产销对接做出了积极的贡献。同时，深圳还有一个很鲜明的特点，就是有一大批非常著名的爱心企业和慈善组织都积极投身于产业扶贫、教育扶贫、健康扶贫、志愿扶贫等扶贫行动，创新推进社会工作专业帮扶，尤其是借助深圳区位发展优势，在“一带一路”沿线国家开展全球减贫特色项目。深圳的模式，已经成为全国慈善力量参与脱贫攻坚的表率和榜样。

2019 年是决胜脱贫攻坚、全面建成小康社会的关键之年，2020 年是收官年，时间已经不多了，现在是最关键的时候。下一步，我们工作的方向要和前期有所区别，特别是要针对深度贫困地区的短板和最新的、最迫切的需求，一鼓作气、顽强作战，不能出现松懈、滑坡，不获全胜不收兵。当前，随着深圳建设中国特色社会主义先行示范区和粤港澳大湾区战略的推进，深圳慈善事业将会赢来更广阔的发展空间。希望深圳有关部门、慈善组织、爱心组织、爱心人士、专业社工能够把握时代机遇，先行先试、积极探索，继续为我国慈善事业发展和助力脱贫攻坚开辟道路、积累经验、讲好脱贫攻坚的“深圳故事”，为打赢脱贫攻坚战做出新的更大贡献，也为其他地区的慈善事业发展和脱贫攻坚工作提供宝贵的借鉴参考。

根据中央机构改革的部署，民政部新组建了慈善事业促进和社会工作司，这个司的成立，是民政部一系列改革中的一大亮点。通过这个司的组建，也传递了一个信息，就是党中央、国务院对下一步继续发展慈善事业，特别是推动广大慈善力量参与脱贫攻坚非常强烈的信号。所以，我们接下来将进一步完善《慈善法》和《志愿者服务条例》配套政策，总结慈善力量参与脱贫攻坚的有效做法，固化慈善服务党和国家中心工作和其他民生事业的制度和机制，进一步健全慈善动员和激励政策，完善社会力量参与社会救助的机制，使社会救助和政府救助能够更加有效衔接，为社会各界投身慈善、助力脱贫攻坚营造更加良好的环境和条件。

第二节　深企先行：解码深圳企业“扶贫模式”

打造村庄的“互联网家园”

腾讯公司产业政策部主任、腾讯“为村”负责人　陈圆圆

腾讯是一家互联网企业，微信的全球用户超过11.3亿，我们的核心能力是社交。在电商方面，虽然不能直接从平台上帮助大家推广，但是这个生态系统却可以让每个人推广自己的农产品。在做腾讯互联网公益项目的时候，我们的设计更多考虑的是“扶志”和“扶智”的问题。我们提供工具、方法、激励机制、运营手段，来鼓励贫困落后地区，让他们更好地使用互联网工具并使用这个平台创造价值，脱贫致富。

腾讯基金会推出的项目是腾讯“为村”。这个项目至今已有十年时间，今天跟大家一起分享一下我们的心路历程。

早期，腾讯基金会做了很多捐赠、捐献、探访的工作，我们接触的是基层的老师和孩子。2011年，我到贵州黔东南州黎平县挂职时发现一个现象：很多孩子的父母都在外面打工，他们经常几个月都接不到外出务工的父母的电话。我们虽然投入几千万支持他们的教育，可是这不是腾讯的核心能力，我们也没有改变乡村教育落后的状况。

2014年，我所蹲点的那个村庄还没有4G信号，电话都打不通，移动和电信只有2.5G。互联网在乡村里只留下了一样东西，那就是黑网吧，只需要1元钱可以玩1小时，里面充斥着大量会毒害孩子们思

想和精神的内容，而我们却无能为力。捐赠过程中，我们问过超2000个村支书“孩子们缺什么”，所有村支书都给了同一个答案，“缺父母的关爱和陪伴”，这是任何一个企业或者政府都无法捐赠和给予的。

我们决定做一场实验，在我挂职的其中一个小山村——贵州黔东南州黎平县岩洞镇铜关村，我们邀请中国移动在这个村庄里架设了贵州省第一台4G基站，100多万的基站投下去。中国移动给当时参与实验的村民每人每月赠送1G流量，连送20个月，让他们了解互联网。这个村庄当时超过95%的村民没有见过智能手机。由中兴通讯基金会捐出智能手机，我们教村民如何使用互联网，用微信群建立外出务工的家长和孩子们的情感联系，通过公众号能够把村里发生的事情传播出去，让外出务工的人能够了解和参与村里的事务。遗憾的是，我们建的群却没有热起来，把村庄的村民给凝聚起来需要一个契机。

机会在2015年夏天到来，因为村庄开始评低保。村庄当年的人均收入不到2500元，如果评上低保，每户可以领到2580元，这是村里最重大的事情。我们邀请村党委用公众号公布低保名单。2015年7月11日，铜关村的互联网化在一夜之间完成了。这篇文章发出后，半小时之内有40多名外出务工的村民加入微信群，群里有500多条信息。大家加入的主要目的，是抱怨、谩骂、批评、吐槽。在村党委有理有据有节的回答和解决问题后，村民发现村党委可以帮助他们解决问题，原来的谩骂变成了赞扬。

于是，我们决定做一些事情。村庄有一个关键词是“失联”。一是家长与孩子的情感“失联”，二是乡情“失联”。村民都外出打工，村庄里的大情小事全部是干部们的事，脱贫、乡村振兴都跟外出务工村民没有太大关系。这个过程中，集体经济的缺失让集体意识没有了，所以乡情也“失联”了。三是信息“失联”。中央制定的好政策没有人解读并传到基层。村里传递信息靠通知，政策拖延难以落实，有时候村民也不配合，干群关系紧张。且对市场信息“失联”，大家不知道东西往哪里卖、有没有同类竞争产品，甚至不知道“三品一标”该怎么申请、要不要注册营业执照。所以，我们帮助他们做一些连接，因为腾讯本身的核心能力就是“连接”。我们帮助村里申请“服务号”，由村民自治委员会这个法人主体申请“服务号”，我们帮助他们开发一整套的系统，这个系统是村庄云端上的党群服务中心，是村民手机里的精神家园，还是村里对外的一张互联网名片。由村党委进行主要的内容生产，村民和外出人才共同会聚进来，参与村庄的建设。

2016 年，我们在全国邀请 100 多个村庄参与这场实验，我们发现在铜关村的实验，是可以在全国其他村庄取得成果的。2016 年 12 月 2 日，《人民日报》用一个整版报道一位记者在湘西的调研。他调研了湘西“为村”试点的村庄一年之内发生的变化。这个项目是在 2012 年年底开始正式进入政府的视野。目前超过 11000 位村支书、10000 位村主任借助“为村”展开村务和党务工作。

在湖南湘西泸溪县小能溪村有一位普通的村民，他每天做的工作就是在“为村”上面发布日记。2017 年，他在日记里面发了两张孩子放学路上的照片。他写道：“我们村实在太远了，孩子们上学放学每天来回要走五里地。”加入“为村”之后，只要你愿意公开，村民之间可以看到对方的手机号。当天晚上，他接到一位妇女的电话，她说：“你好，我是小能溪村的村民，我在东莞一个电子厂打工。我从来没有在‘为村’上发过信息，但是我每天晚上睡觉前都要进来看一看。今天你发的那张照片是我的儿子。我已经有超过半年没有看到他了。看到他背那么大一个书包走那么远的路去上学，心里非常难过。可是如果不打工，我也没有办法为他以后上学挣钱了。今天我给家里打了电话，鼓励他一定要克服困难好好学习，妈妈很爱他。今天打这个电话是想感谢你每天把信息分享出来，让我觉得好像没有离开家乡。”

当时向远方（音）给我分享这个故事的时候，这个大男孩流泪了，他说，“圆姐，我只是随手拍了照片，鼓励一个妈妈关爱自己的孩子，这样的事情我每天都要做。”

湘西龙山县几个年轻人，为自己村庄比耳脐橙打造品牌，动员村民一起发朋友圈，一起刷自己的微信群。2016年，在全村广泛推动下，吸引40多个批发商来到这里。他们每斤橙子比前一年多卖6角钱，全村增收500万元。这个村庄还上了《新闻联播》头条。通过上述例子我们发现了问题，超过99%的村庄不会发布商品详情页，因此没有办法很好地讲出自己农产品的故事，而这个能力电商平台没有办法给予。每个村庄都有自己的“超能陆战队”，可以组建起来，让他们成为每个村庄的智库。

微信创始人张小龙有一个理念，他说微信这个产品创作出来，不是让大家认为微信团队有多么厉害，而是让每个使用微信的人都觉得自己很厉害。我们希望在“为村”这个平台，让每一个村民和村干部觉得很厉害，有能力去振兴自己的乡村。

“三村工程”助力脱贫攻坚

中国平安集团品牌宣传部总经理　陈　遥

我今天跟大家介绍的是平安“三村工程”，平安“三村工程”简单地讲就是村官、村医和村教。

平安集团在2018年提出积极响应总书记的号召，积极投身于精准扶贫：一是产业扶贫，就是“村官工程”；二是医疗扶贫，就是病有所医；三是教育扶贫。近两年，村官工程发放扶贫资金超过100亿元。医疗扶贫主要是通过硬件建设和对乡村医生的培训提升乡村卫生所水平，为600多所村卫生所提供检测设备，培训了将近7000名医生。教育方面，主要是在600多所乡村学校完成硬件建设和对教师的培训、支教工作，培训了将近6000名教师。在产业扶贫方面，主要是通过企业贷款，用金融的手段——“扶贫宝”提供扶贫债和企业债。

关于平安集团探索出来的扶贫路径。第一个环节，“富口袋”之前先“富脑”。就是培训当地有志向的、有爱心的、有能力带领村民致富的带头人，让他们开拓视野，了解政策和农业技能。在国务院扶贫办和相关单位的支持下，包括农科院和一些农科专家，我们先搞致富带头人的培训，为乡村的发展培养“种子选手”。我们培训主要是线上和线下，一方面是课堂教学，另一方面是田间地头，农业部和农科院的专家，包括种植业和养殖业现场讲解。培训完回到村子里，我们由村委、当地的乡镇和县市一块儿来研究，哪一个产品、哪一个产业是最适合当地可持续发展的，由他们推荐，一般是推荐1～3个产品。

平安集团是用金融和保险以及科技的力量来赋能。什么意思呢？比如说养猪，我们和当地有主体责任的企业发生关系，由政府推荐之后，我们的银行和保险专业人员会到现场去跟他们沟通，对风险进行评估。因为我们要投的是能够做起来、能够可持续发展的企业，这样它才能带动当地的贫困户一起发展，一旦通过风控评估之后，我们给它免息免担保，甚至是低息贷款给它"输血"。贷款的目的是培养造血功能，要签署合同让他带动当地一定贫困户一起参与生产，让贫困户的收入得到提升，这个是市场的手段，让各方都有责任。这种形式还是有效的，到目前为止我们投的每一个企业都是存活的。培训完之后，用金融的手段来对每一个村扶持，我们叫"一村一品"，选一个好的产品、好的企业和产业，由致富带头人来带动产业的发展。

产品出来之后还有销路的问题。我们自己也有一个内部的消费量，平安有 180 万人，如果其中 10 万人参与购买的话，这个量也是非常大的。平安集团领导亲自带头"消费扶贫"，在节假日和节点搞扶贫产品的采购。我们的扶贫点在 13 个省区，都用这种内部的消费来带动扶贫。平安集团高管深入一线，调查这些农户对于这个模式有什么意见和建议，整体反响很好。现在在陕西的铜川 3 个县区培育了 100 多个致富带头人，他们带动了千万个贫困户。到目前为止，我们投下去的业务发展都是非常稳健的。在宜君县一个养猪的企业，我们给予贷款之后，产出的猪粪绿色循环使用，再回填用于苹果的种植，整个形成绿色的循环，受到了各界的好评，央视还专门做过报道。我们还给产品贴牌，这个苹果叫它"平安果"，用于内部员工本身的消费，而且在内部平台的销售很好。

"智慧农业"和"金融扶贫"把平安集团优势发挥出来了，它不只是说做金融怎么帮贫困户，还有就是通过保险。保险也非常重要，因为农户有保险的意识但没有能力，在很多贫困地区，比如说像内蒙古是很干旱的，雨水少，撒下去种麦子能不能有收成？他自己是没有这个能力去保障的，我们给他们提供了所有兜底的保险。

还有技术的力量，平安集团在技术方面主要是因为业务的发展。举一个例子，有一个养牛的企业，我们帮他管理每一头牛，在牛的耳朵上有一个标识，饲料的来源用区块链的溯源技术，保证饲料的安全性，喂食喂养有定时定量的自动化控制，一直到屠宰、包装、免疫、牛生存环境温度监测等，这些都是用技术的手段。

医疗方面的帮扶，平安集团有一个医疗板块，“平安好医生”和“平安医保”。首先是在硬件上的帮扶，帮他们提供检测机，比如说常规的血压、血液检测。“平安好医生”大概聚集了5万多名三甲医院大夫，科室分布清晰。我们实时帮助村医培训，有请大夫下去培训，也有请村医进修。辅助问诊非常有意思，我们有一个机器人，所有的案例、病例和药典都装到了机器人的大脑里，这个机器人已经投入使用了。我们还有自己的检测车，车里有比较好的CT和其他检测设备，带着医生就可以直接下去（乡村）了。这个检测车也开到了国外，上半年“一带一路”高峰会议中联部和中宣部交办的任务，我们是真正做了国际资源服务，有一个医疗队去了柬埔寨为小朋友筛查先天性的心脏病，产生了非常好的效果。在蒙古国，我们给当地的老百姓做白内障手术。

教育方面，我们今年启动了“青少年科技素养计划”，在全国1000所学校铺开，能覆盖上百万的孩子，我们的高管亲自下去讲课，至少要培训10000个教师，将近1000个校长。

“五套组合拳”专业助力脱贫攻坚

万科集团副总裁　王　蕴

2018年，万科战略定位是“城乡建设与生活服务商”，不仅仅包括万科最擅长做的城乡建设和开发、资产运营、生活配套服务，同时通过万科资源平台、专业优势能够对于乡村的精准扶贫、乡村振兴来贡献万科力量和践行社会责任。

对于扶贫，我们有五套组合拳，分别是：乡村振兴、异地搬迁、教育扶贫、文化扶贫、产业支持。到2018年年底，据不完全统计，万科投入超过10亿元，帮扶的贫困人口超过23万元。

首先是乡村振兴。我们有一个项目在汕尾金厢镇。这个镇有着非常丰富的革命遗迹和红色文脉。1927年南昌起义之后，周恩来同志转战到潮汕地区，在这里居住，同时从这里渡海去香港，最后到上海。我们通过“针灸式”的改造，在不影响村民日常生活和起居过程之中，对于村周边的一些配套设施，包括一些垃圾分类和河道治理等，提高村民日常的生活品质。在整个扶贫过程中，我们通过万科的专业力量，通过万科的资源平台和品牌优势、影响力，不仅仅做了建造、改造和整治工作，还打造了红色旅游示范村。

河源的先锋村2012年被授予历史古村落。该村建于明朝，村子里有大量古建筑，但由于条件所限，处于年久失修的状态。我们有一个原则是“修旧如旧，创新有心”。“修旧如旧”主要是保护和沿袭历史文脉。“创新有心”是发自我们的初心、爱心、将心比心，站在村民角度，真正为了改善他们的生活品质，满足他们对于美好生活的需求。

教育扶贫方面，我们捐建和援建学校。我们力争明年9月份之前能够使得2000人规模的中学得以开学。文化传承方面，我们推动传统民族文化发展。我们在拉萨花费 349 天时间，保质保量地完成了西藏非物质文化遗产博物馆建设。西藏自治区的副主席参观过博物馆之后说，这个特别像布达拉宫。能和布达拉宫相提并论，是对我们整个团队的鼓励。

万科的愿景是：以人民的美好生活为己任，以高质量发展领先领跑，做伟大新时代的好企业。我们也愿意用我们的专业优势、资源平台去践行社会责任。

“扶贫+扶志+扶智”引领社会建设扶贫

深圳市对口支援新疆（喀什）社会工作站负责人　董　欢

我是一名深圳援疆社工，目前是深圳市对口支援新疆喀什社会工作站站长，非常荣幸有机会跟大家分享一下社会工作在脱贫攻坚当中发挥的作用。

我主要分享四个方面：一是深圳援疆社会工作的背景；二是喀什目前的贫困现状；三是社工在援疆社会工作当中，在脱贫攻坚这条路上，我们做了什么事情；四是“不忘初心　牢记使命”。

首先是深圳社会工作援疆的背景。2010 年，深圳首创社会工作援疆，是在 19 个援疆省市当中，第一个提出社会建设援疆的城市，引进深圳社会工作到遥远的喀什。在深圳市民政局、深圳对口支援新疆工作前方指挥部、深圳市社会工作者协会以及喀什市民政局的四方支持下，成立了南疆四地州第一家专业的社会工作服务机构，我们的宗旨是推动喀什社会工作发展、助力社会稳定和长治久安。

喀什属于三区三州，是全国的深度贫困地区，是新疆脱贫攻坚的主战场，贫困面积广、任务重，党委政府和社会各界力量都动员了很多力量推动脱贫攻坚。喀什市户籍人口 60 多万，3 个深度贫困乡，82 个贫困村，经过 2 年艰苦奋斗，贫困乡和贫困村数量急剧减少。

社会工作助力脱贫攻坚道路上，有很多政策方面的支持。2017 年，民政部、财政部和国务院扶贫办联合出台了《关于支持社会工作专业力量参与脱贫攻坚的指导意见》，对于社会工作参与脱贫攻坚有了总体的要求、内容和组织保障的指导。2018 年，民政部印发的《关于推进深度贫困地区民政领域脱贫攻坚工作的意见》，也明确指出“社会工作人才资源、项目服务资源要向深度贫困地区倾斜”。以上是我们社会工作参与脱贫攻坚道路上很明显的两个政策支持。

我们主要是从三大类人群开展脱贫攻坚工作：一是有劳动能力的、有养殖条件的贫困户；二是就业不稳定的乡镇妇女；三是留守儿童。针对贫困农户，开展“小母羊生计发展项目”。我们在脱贫上不光是帮他们“富口袋”，还要帮他们“富脑袋”。“小母羊”项目原则：扶贫+扶志+扶智。项目宗旨：实现经济增收、自我发展，最重要的是实现可持续发展。

“小母羊生计发展项目”前身是“国际小母牛组织”，2011 年引入喀什和我们合作。通过联合政府和社会组织，为每个农户提供 6500 元钱的启动资金，购买 5 只母羊，2 年时间养殖和繁育，2 年之后将启动资金传递给其他贫困农户家庭使用。经过评估，参与我们的项目的农户增收都在 1 万元以上，目前共实施 1600 户农户。在养殖增收、个案管理上，针对每个家庭都有监测，当发生重大问题的时候，要帮助他们增加抵抗风险的能力。还有组织外出交流和养殖技术培训，通过扶贫、扶志和扶智相结合，社工发挥了很大的作用。

针对乡镇妇女就业不稳定帮扶项目，社工积极引导妇女到产业园的企业中稳定就业。主要是两个方面：一是帮助妇女解决心理层面的问题，让她们增加对产业园的归属感；二是树立典型代表，解决招工难、用工难的问题。由于当地风俗习惯，丈夫和婆婆不太赞成妇女外出工作，在他们的传统里，妇女主要精力是照顾家庭，通过这几年慢慢地引导转变，妇女外出工作有了很大改善。

“守护天使”项目，我们开展四大工作：一是心理健康，做行为矫正、情绪引导、价值观引导、心理健康知识的普及。二是教育引导，包括安全教育、自我照顾训练、正面管教、女童保护、学业帮扶等。三是拓展服务，组织节日性庆祝活动、生日会、户外实践等社会参与活动。四是资源整合，我们联合各个基金会、慈善会、爱心企业单位，为喀什市的困境儿童整合了近 500 万价值的资源。

“深系澜湄”——全球减贫的深圳实践

深圳国际交流合作基金会秘书长　曹　聪

对于公益界而言，全球合作是一个新的议题，也是一个新的探索。我们基金会跟大家一样，处于一个初期探索的阶段。我们今天谈的是减贫的技术和减贫的经验以及“出海”的问题，在这个基础上我们能不能有一些小而美的项目。

我们为什么选择把“出海”作为一个方向？这跟我们机构成立的初衷有关。我们是一家以支持民间开展国际交流合作，推动深圳市国际化进程为主要目标的机构。我们城市的口碑跟有多少企业、多少GDP不一定有必然关系，更重要的是我们城市在促进自身可持续发展转型和扶贫攻坚的创新解决方案，以及社会治理方面的先进治理经验和治理模式，能够造福全球减贫，推动可持续发展目标的实现，这是我们国际化的大机遇，对全球可持续发展来说也是一个大机遇。在这当中，社会组织在具体执行上发挥了重大作用。

我们选择在东南亚地区湄公河流域作为试点地区。主要方法是通过跟使领馆、联合国机构以及跟欧美NGO接触，最后形成自己的思路方针：一是建立国家的总体外交；二是中外合资合作；三是授人以渔，强调技术援助、解决方案援助为主要内容；四是吸收一些影响投资的资源，让我们的公益项目在海外具备社会与经济效益。

我们希望把深圳的优势产品、先进技术、特区经验，带给别的国家，为当地的民众带去积极的变化。因此我们是从扶贫经验来入手，从通路、通水、通电入手。当地大型电力项目推进有困难，我们从小电厂的角度先尝试，湄公河太阳村项目便应运而生。

在具体执行时怎么做呢？我们与柬埔寨政府、当地社会组织合作，共同确认社会问题和目标用户。在这个项目中，东道主起到了非常重要的作用，他们掌握了比国际知名统计数据机构还要准确的数据，落地非常契合实际，为我们供应商确定解决方案提供了很大帮助。基金会通过与各方合作、以资助双轨并行的模式，对现有的资源进行重新整合和分配，最终赋能给我们的合作伙伴，让这个项目能够平安顺利地落地。经过调研之后，我发现小水电分布式的设备非常适合当地。3个月后，我们完成了一整套方案的筹备，最后提交了300套离网太阳系统设备，2018年10月全部完成了入户安装。从项目规模来看，这个项目并不大，但有影响力，且富有成效。这个项目让当地国家政府和能源政策制定部门重新审视了他们在新能源发展领域的方向。

在最近刚刚结束的一场“深圳国际低碳城论坛”上，来自联合国的官员和代表向我们基金会提出了新的合作需求，目前我们也在探索在缅甸合作。

我们在思考这个合作模式是不是存在复制的可能性。深圳还有无人机技术，如果我们为公益界打造一个面向全中国社会组织提供能力建设、资源共享、孵化和交流的综合平台，可以助推我们行业实现整体跨越，从而更好地为全球减贫发展贡献中国智慧方案。

明年，我们开始和中国国际交流中心落地中国（深圳）社会组织“走出去”能力建设和交流合作平台的项目。其实是让国际知名NGO跟我们一起，为我们的社会组织“出海”提供一些项目设计支持数据，提供海外合作网络白名单。同时，我们也会通过这个平台孵化海外项目，对接国家政府和国际机构的资源；通过引进国际通标，为我们的公益项目形成一个标准，提供资质认证和标准体系。我们也希望通过这个平台，把我们在扶贫攻坚过程中的优秀案例、先进组织的宝贵经验分享出来，为2030年联合国可持续发展议程提供经验。

“未来+乡”：建立可持续自力更生机制

招商局慈善基金会副秘书长　李志南

招商局慈善基金会有一个《可持续发展框架》，这个“框架”来源于能力贫困的奠基人——阿玛蒂亚·森。他提出：“贫困不是因为社会总供给不够，而是人们获取生存和发展所需资产能力不足”。穷困之所以穷，不是看他表面没有钱、收入低、消费低，而是说他没有办法很好地获取发展所需要的资产，比方说物资资产、自然资产、金融资产、人力资产和社会资产。所以，招商局做扶贫是一种以资产为本的升级发展理念。

招商局慈善基金会做了很多扶贫项目。以贵州省威宁县为例，威宁县有 627 个村，大部分村卫生室是 20 世纪 90 年代花了 5 万元钱修的。当时我们去看的时候，老百姓打点滴不是躺着的，不像城里可以躺着打，也不是坐着打的，基本上是站着打，拿一个竹竿，撑着盐水瓶，条件很差。我们就有一个想法，就想办法把钱花在建卫生室上。

我们首先是花 28 万元做了卫生室的主体工程，卫生室周围还有绿化、配套和医疗设备，建筑面积是 150 平方米，占地面积是 200 平方米。卫生室不只是建房，还配备 2 个村医，村医背后是村、乡、县三级的医疗卫生系统。现在我们卫生室一个村医一个月至少 1900 元，包括财政补贴、看病、卫生服务相应的收入来源。一个卫生室不光是解决当地贫困的物资资产，还解决了当地人的能力资产和村医所在的社会资产、社会系统的问题。为了更好地让村医发挥作用，招商局慈善基金会引进了当时国内很优秀的做村医培训的力量，也引进了善小公益基金会和中国人口福利基金会，其中中国人口福利基金会把中医技能通过线下培训传授给当地的村医。医院不仅仅是房子，同时还有医生和医疗系统。医疗系统不光是在村、乡、县里运作，同时，我们让村医建了自组织网络平台，有利于把一线的问题准确地表达出来。这个项目当时跟国家卫健委谈，卫健委反映说基层的声音很难传递到上面，如果建立一个平台，村医能够及时发现老百姓的健康诉求，这是一个很好的政策推动的抓手。

要解决老百姓的美好生活向往，需要必要的自然资产、物资资产和金融资产的投入。我们作为一个社会组织，在前期投入的时候，怎么在能力资产和社会资产上提升核心能力？我们在威宁县做了 620 个村，我们今年要做 523 所标准的卫生室。523 所卫生室里有 1300 多个村医，我们都全覆盖培训。通过一系列的物资资产、人力资产和社会资产跟进的组合推动，全面推动当地的发展。

这是我们的简单案例，招商局慈善基金会从 2009 年成立至今 10 年时间，做了超过 100 个精准扶贫项目，大概投入公益资金超过 6 亿。落地至全国 28 个省、市、自治区，合作单位有 122 个，其中有 85 个是正式注册的。当然，我们更看重的是培育当地的社会组织 138 个、基层干部 860 名，还有近 1 万名农村技术人员。所以，我们的扶贫不光是做扶持资产，更重要的是怎么把当地的人力资产和社会资产利用起来。我们是帮助农村社区，帮助项目创新、模式推广，更看重人的作用。

接下来，10 月 17 日，第六个国家扶贫日，招商局慈善基金会将发布“未来+乡”，有四个方面：“乡育、乡链、乡知、乡守”。乡育是什么意思？跟当地的社会组织一起来培育农村的自组织，让它们自己发挥作用；乡链是让当地的社会组织、社区组织有能力链接政府资源、市场资源和公益资源来做好家乡建设；乡知是同时作为一个模式的推广者，或者是知识的总结者，把经验推广到全国，同时通过国际合作走出去；乡守是大家在一起，为农村发展做出自己的贡献。

第三节　大山深处：走出扶贫合作“深圳路径”

从城市到乡村，喀什处处留下“深圳烙印”

喀什市发改委办公室主任　徐　明

2010 年中央启动新一轮对口援疆工作以来，深圳认真贯彻历次全国援疆工作会议精神，始终围绕喀什社会稳定和长治久安总目标，把新疆的事当成自己的事，把喀什当成深圳来建设，突出面对基层、面向民生两大重点，聚焦脱贫攻坚，从改善民生、产业扶贫、就业培训、教育医疗、干部人才队伍建设、基层组织建设等给予了喀什市全面、系统、强有力的支援支持，各项援疆扶贫工作齐头并进、亮点纷呈、成效显著。

据统计，2010—2019 年，深圳市对口支援喀什市共安排援疆项目 269 项，资金 65. 85 亿元。其中投入基层 59. 87 亿元，民生领域 55. 59 亿元。

深圳市对口支援喀什市的 10 年，有力地助推了喀什市经济社会的全面发展。喀什市生产总值由 2010 年的 89. 26 亿元增加到 2018 年的 170. 2 亿元，翻了近两番；地方财政一般预算收入由 7. 71 亿元增加到 19. 87 亿元；城市居民年可支配收入由 11843 元增加到 28056 元，农民人均年纯收入由 5185 元增加到 9998 元，来喀什旅游总人数由 235 万人次增加到 518. 8 万人次，旅游收入从 8. 82 亿元增加到 35. 42 亿元。

援疆这 10 年，从理念到实践、从产业到民生、从城市到乡村，喀什处处留下了深圳元素的烙印。这是喀什市经济发展最快、城乡面貌变化最大、各族群众得到实惠最多、对外开放最为活跃的10年。

一、突出民生，助推脱贫攻坚，喀什群众生产生活条件明显改善。

深圳市始终坚持将援疆项目和资源向基层倾斜，向保障和改善民生倾斜，助推脱贫攻坚。

住房安全得到充分保障。截至目前，深圳市在住房安全方面累计投入资金10.75亿元，占援疆资金总投入的16.3%。其中投入6.49亿元建设安居富民房49038套，受益群众达25万余人；自2017年起，对喀什市建档立卡贫困户新建安居富民房在原定补助1万元的基础上再每户增加1万元，仅2017—2019年投入安居富民房的建设资金就达3.5亿元，并投入4.23亿元对新建的安居富民房进行了水电路和室内设施的配套建设。

基础设施和公共服务设施日趋完善。2010年以来，投入援疆资金7250万元，先期启动了喀什市十八小、福利供养中心两个试点项目，创造了“深喀速度”，为南疆教育、福利事业起了示范作用；总投资5.35亿元，全长6.7公里的深喀大道将老城和新城紧密连接，搭起了新城开发的主干道、主骨架；投入1亿元建成的东城市民服务中心，实现了一站式全方位服务；投入231.36万元建设的农村自来水入户工程，解决了近5万户农村居民的饮水问题；投入1.45亿元对乡（镇）、村（社区）的环境卫生及居住条件进行改善；投入1.05亿元解决村民推选的民生实事，投入1.8亿元实施了农村补短板项目，有效改善了全市各乡镇、村（社区）的基础设施建设和村容村貌。

二、产业援疆、产业扶贫，喀什群众实现就地就业。

产业促进就业成效显著。在优化保障民生工程的同时，深喀双方紧紧抓住国家实施的“一带一路”和“中巴经济走廊”战略机遇，充分利用喀什市作为新疆的重要城市、向西开放的重要窗口、丝绸之路经济带核心区的独特区位优势，狠抓产业援疆项目建设。深圳专门成立了深圳产业园、“深圳城”工作组，投入资金21.8亿元重点打造“一城一园”建设，重点引进纺织服装、电子产品和农业产品加工等劳动密集型企业，辐射带动喀什地区11个县市工业园和676个农村卫星工厂；在援疆项目中专门安排产业发展和扶持就业专项资金1.7亿元作为园区就业稳工资金，按照每人每月700元的标准进行补贴，仅2018年建档立卡贫困人口实现增收脱贫16218户带动贫困家庭人口48412人。目前，在产业园区稳定务工人员达13000余人，真正实现了群众就近就地就业并脱贫的目标。其中投入6000万元建成的深喀科技创新中心被国家科技部评为国家级科技企业孵化器。

旅游产业步入快车道。投入援疆资金近5000万元支持喀什旅游基础设施、特色旅游产品开发景观景点打造、民宿及农家乐培育及相关配套服务，帮助喀什市成功申报“喀什古城”5A景区，积极创建全域旅游示范区。支持喀什旅游行业积极参加深圳文博会、广东旅博会等，举办了深圳·喀什文化旅游推介会。新建易购中英街进口商品展示直销中心，提升喀什旅游消费档次。投入2000万元支援了16辆比亚迪电动公交车，打造了喀什首条旅游公交专线。创新喀什古城5A景区，推动“深喀石榴籽计划”，2018年喀什古城商铺的年收入由2.4万元增至5.6万元，人均年收入由0.6万元增至1.6万元。以“送客进疆”为突破口，开通了深圳至喀什的援疆旅游专列和包机，2018年深圳组织游客来喀旅游包机2辆次242人，专列2班1169人，带动消费收入上百万元。据统计，2010年以来，喀什接待游客2803万人次，旅游业收入达到159.4亿元。

三、教育医疗援疆，喀什居民幸福指数明显提升。

教育教学条件和水平全面提升。2010年以来，深圳市不断加大对喀什市的教育援疆支持力度，形成了从幼儿园、小学、中学到大学全阶段的深圳教育援疆体系。投入1063.2万元，资助1772名喀什户籍内地高校就读的贫困学生圆了大学梦；投入资金19.4亿元，大力支持深喀教育园区、喀什东城二中、寄宿制中小学等25所大、中、小学的建设；投入10亿元支持建设的喀什大学新建校区于2018年9月投入使用，成为南疆地区应用型人才特别是民族人才培养的重点基地；支持喀什市 110 所幼儿园的软硬件建设，实现农村适龄幼儿“应入尽入”的目标。

医疗和卫生事业快速发展。累计投入 1.62 亿元支持喀什市医疗卫生事业。投入援疆资金 8602 万元建成了喀什市人民医院东城分院，新增床位 208 张，解决了周边群众就医难和就医远的问题，投入 2500 万元为喀什市人民医院购置医疗设备；投入 1095 万元支持 13 个健康体检中心建设。每年安排 120 万元为喀什市各族群众开展免费婚检和妇女宫颈癌筛查，筑起了百姓健康的“防火墙”。

四、积极发挥“传帮带”作用，喀什干部人才专业技能明显提升。

开展援疆工作以来，深圳市精心选派了 3 批 39 名援疆干部到喀什挂职，每名援疆干部均系喀什市当前的最需人才，他们都在各自岗位上充分发挥优势、积极发挥作用，为喀什市的经济发展、社会稳定履职尽责。通过“走出去、请进来”的方式培训干部上万人次，培训基层干部 1008 人次，引进的 9 批 76 名支医队员，积极发挥“传帮带”作用，有效提高了当地医务人员的专业水平。引进的 9 批 357 名支教教师通过举办公开课、讲座、各种研讨活动等多种方式帮助提升当地学校的教学管理水平。目前，喀什市城区乡镇处留下支医支教队员身影，深圳医疗援疆和教育援疆“深圳红”已经成为当地一张闪亮的名片。

援疆 10 年，一座座由援疆资金建设的现代化学校、医院、工厂拔地而起，一批批凝聚着关爱的民生工程、民族团结工程相继竣工投产。喀什市正在因深圳援建而发生着深刻变化，这里的各族群众也切身感受到了党的关怀和祖国大家庭的温暖，援疆省市的无私奉献和关爱。

我相信，有党中央、国务院和自治区的关心支持，有深圳等援疆省市的大力对口援建，喀什的明天一定会更美好。

一乡、一村、一个人：大山深处“靖”欢颜

靖西市委常委、副市长　林华兴

我是深圳市龙岗区派到广西靖西市的一名挂职干部。像我这样的挂职干部，从广东派到广西去的有不少，我是其中一个。我们挂职的地方叫靖西市，是中越边境的一个县级市。这个地方山清水秀，风景非常优美，同时也是我们整个广西贫困村和贫困人口最多的一个县，贫困人口达到13.7万人，相当于百色市某个县的人口。

我们这些挂职干部到广西之后，按照省委省政府、市委市政府的要求，开展了全方位系统性的帮扶，包括资金的帮扶、产业的帮扶、人才的帮扶，以及教育、医疗、文体旅游等。但是，我们所有的帮扶行动，从系统上来做设计，但是要从具体的空间上、具体的对象上来进行落地和落实。

今天跟大家分享几个具体的案例，让大家了解一下我们在这里的帮扶行动。重点讲三个故事，讲一个乡、一个村、一个人的故事。

广东在广西帮扶33个贫困县，深圳市帮扶其中的17个县，主要是河池和百色地区，这是整个广西石漠化最严重的地区。我们叫老、少、边、山、穷。老是革命老区，少是少数民族地区，边是边境地区，山是石漠化山区，穷是深度贫困地区。这个地区生存条件非常恶劣。我们这些干部到了广西之后，绝大多数的时间都在村里跑，有200多个贫困村，有99%的村都到了，其中的艰辛不言而喻。

讲的第一个故事是一个边境乡，叫作南坡乡。整个乡都是石头，石漠化非常严重，山高路远，整个乡没有一条地表河。在这样的自然环境下，我们通过努力，在石头缝里种金果。在当地被叫作靖西的

“西藏”，我们把“西藏”变成了“江南”。

这是我们在当地以后的工作场景。在南坡乡的扶贫工作，从2010年开始，虽然条件非常艰苦，但是当地群众没有向大自然低头，在当地政府的带领下，从石头缝里把石头挖出来，从外面把土运到这个乡里面，然后在一块一块小石头缝里面造出一小块、一小块的田地，种上1.9万亩水果和3万多亩的桑树。

抱着感恩的态度，我们带领整个团队在半年之内到村里面去了10多次，对他们进行系统的设计，帮助他们做果园土质的改造、危房的改造。这个乡是县里面现存危旧木瓦房最多的地方，我们通过危旧木瓦房的改造，帮助他们建设成美丽的乡村。另外，我们还帮助他们建设养殖场，等等。

我们使整个乡的情况发生改变。像这样一个乡在靖西有61个村，总体上3年来在整个靖西市投入1.34亿元，按照深圳市新增的资金量来说达到1.6亿，实施项目超过200个，惠及的贫困村超过143个（靖西贫困村有153个），使8万多的贫困人口受益。

在此过程中，我们在南坡乡这样的乡镇实施了五个工程，边境的乡镇生存条件比较恶劣，但是由于国家安全的需要，边境的居民尤其是0~3公里的边境居民，我们必须把他们稳定在边境线上。靖西有152公里的边境线，单纯靠部队驻守难度是非常大的，因为边境线上完全没有拦阻设施，边境立了界碑告诉你左边是越南，右边是中国。一个边民就是一个哨兵，为了把边民稳定在边境线上，我们实施了五个工程。

第一个是“照亮边境”工程。我们边境线一到晚上都是黑漆漆，跟越南没有什么两样，他们最大的需求是装上路灯，所以我们在边境的所有村装上了带有“中国梦”和“深圳援建”字样的路灯，相当于把深圳援建的红旗插到边境上。

第二个是“美丽乡村”工程。我们帮助边境村改善水、电、路、住房等各种基础条件。让我们边境的村变成现代化的美丽新农村。

第三个是“情暖边关”工程。通过我们助教、助医、就业、文体旅游帮扶，把深圳的温暖送到边境。

第四个是“安居住房”工程。我们帮助他们改善居住环境，打造温暖优美的居住环境。

第五个是“产业帮扶”工程。通过产业的帮扶，在这里打造了产业园，我们有一园三区，把广东愿意到东南亚市场或者对东南亚战略通道有兴趣的企业带去那边，带动当地产业未来的发展。

通过我们的努力，靖西市2018年贫困人口从13.7万人下降到4.5万人，贫困村从153个下降到99个，贫困发生率从22.8%下降到7.5%。这些老乡们非常感谢我们的工作，他们立了一个牌子，上面写着“兴边富民记党恩，脱困不忘深圳情”。

第二个故事，讲一个村，叫作大莫村。这个村贫困发生率达到82.8%，是整个广西贫困发生率最高的村。我刚去的时候，老百姓不是很理解，我自己掏钱请大家吃饭，结果去的都是女同志，我在上面讲话，她们在下面吃，等到我讲完想下来敬一杯酒的时候，她们都走光了。此后一年，我们在这里投入1000多万元，帮助他们修路、装路灯、建水池，在这里发展养殖场。2018年贫困发生率下降到27.7%，今年要降到1.6%，整村脱贫。等到2019年元旦前夕再请大家吃饭的时候，情况发生了变化，来得都是男同志，我在上面讲，他们在下面认真听，没有人提前走。等到晚上吃饭的时候，吃到8点多准备走，村里40多个年轻人把门堵住，他们说，“常委，不能走，用我们农家的土米酒请你喝两杯。”

再讲一个人的故事。我们在这里做扶贫的时候，我们做了很多就业培训扶贫。开始就业工作有点艰难，很多老乡已经到广东了，我们再发动他们的时候，稳定性就差了。我们把眼光关注到未来的劳动力，尤其是放到年轻人身上。我们通过深圳的技术学校招来一大批学生，其中一个学生叫黄承志。他家庭困难，面临辍学，我们把他带到深圳的学校进行学习。他在2018年全国技能大赛的木工项目中获得广东第一名、全国第五名的成绩，进入了国家队，2019年代表中国去俄罗斯参赛。在黄承志励志故事的影响下，我们招收了1000多名学生，培训2.5万贫困人口，带动37.56万人就业，今年数据还会更多。

把党支部建好了，村庄才有凝聚力

河源市珠塘村党支部第一书记兼扶贫工作队长　刘攸伟

我是深圳市派驻河源的扶贫干部，我们重点是通过党建来促扶贫。我所在的珠塘村，有2500多个村民，除去老人和孩子，18~60周岁主要的青壮年是1000多人，基本都有我的手机号和微信号。2016年到村里工作，3年多下来，跟这1000多个村民都多多少少进行过交流和沟通。为了走群众路线，首先，我找到大量在珠三角地区工作的村民的联系方式，把自己介绍给群众。2017年春节，我给每一个村民发了一封新春慰问信，通过慰问信的形式向村民讲解扶贫政策，也把我们做了的事情和准备做的事情通过慰问信的形式告诉村民，比较好地调动了村民参与脱贫攻坚和乡村振兴的积极性。除了慰问信的形式，我还积极地运用网络。今年7月，河源市所有的村庄全部上线“为村”平台，通过“为村”进行乡村的基层党建。基层党建没有抓好，你投再多的资金下去，搞再好的项目下去，都可能起不到很好的效果，甚至有一些地方村干部就直接说“我们不要钱，你这个钱来了也到不了我口袋，给到我的是任务和工作，带那么多钱来要干那么多活，没有钱还不用那么辛苦”。这是现实的状态，首先我们要提升村委的认识和工作能力。

原来村庄是已经处于空心化的状态，人心散了，人也到外面去了，这几年大量的村民回到村里进行建房置业，我们去扶贫之后，把村里的基础设施做好。另外，村党支部建好了，这个村庄才有凝聚力。珠塘村也有第一、第二、第三产业，分别是种植业、养殖业和加工业，还有旅游产业。珠塘村附近有一个3A景区，去3A景区必须路过珠塘村口，我们根据3A景区的特色，开发了旅游配套的农家乐产品。现在珠塘村党群服务中心成为龙川县的标志性党群服务中心，基本上全县的领导干部都到那里去参观过，就想复制珠塘村党群服务中心的模式。

按照广东省的安排，2016—2018 年我就完成了扶贫工作任务，现在我继续留任做第二任，在留任之后，新上任的其他工作队长自发到珠塘村，跟我交流扶贫工作经验。

接棒脱贫攻坚，帮助贫困村解决实际困难

汕尾市河北村党总支部第一书记兼扶贫工作队长　唐东来

我的报告从一条微信说起。

2018年9月14日晚上，汕尾市陆河县河田镇河北村委会主任罗文海收到这样一条微信："海哥，强台风来了，我恨不能飞回河北村，可我回不去啊！贫困户的安全、扶贫的产业都离不开啊，可我实在没办法！只能、只能拜托大家了……"发出微信的是河北村扶贫工作队长李光同志，发出地点是广东省人民医院心血管科CCU病房。李光因与村委会干部连日抗击洪灾，于9月12日中午突发大面积急性心肌梗死，幸得及时抢救。他人在CCU病房，心却在抗洪扶贫前方。

李光是深圳市市场监督管理局选派至河北村的优秀驻村队长。现在，他病倒了，谁去接棒呢？听说精准扶贫工作的任务重、压力大，还远离深圳、远离家人，又看到李光累病了、累倒了，有的同志犹豫起来，但是更多同志勇敢地站了出来，为大家舍小家。

我叫唐东来，我就是扶贫英雄李光同志的接棒人。驻村后，我用心用情用功，用两周时间走遍了87户贫困户，新认识了300多位贫困乡亲。经过调查思考，我定下了"利用优势、做强产业，发动内力、借助外力"的工作思路。

在利用优势、做强产业方面。一是利用单位管理市场的优势，把李光同志发动村民养的鸡、种的葛根卖出去，卖个好价钱。争取每年销售扶贫鸡不少于6000只，盈利不少于10万元；保持150亩的规模每年采收葛根20万元以上，盈利不少于40万元。为了实现目标，我们联合其他村聘请了一名种植专家。我们还起草了销售意向书，到深圳的农贸市场挨个推广订购。二是利用河北村紧临县城的优势，抢抓

仓库租赁市场急增的商机。为此，我设计了仓库租赁市场调查问卷，带领村干部花了半个月时间走访了1000多家门店，摸清了需求、价格等情况，计划明年实施，预计将为村集体经济每年增收20万元。

在发动内力、借助外力方面。一是给钱给物，不如建个好支部。我自己到县里帮助村里争取资源，拉近了与村干部的距离。平时走进他们家里，了解情况，帮助他们解决实际困难，真正做到了与村干部“零距离”。我还加强“三会一课”，组织建设很快上了轨道，现在6名村干部工作积极性都很高。二是搞好社会扶贫。今年以来，我发动了7批次50多万名深圳个体私营阶级协会的爱心人士，到村里慰问捐赠13余万元，解决了村民广场健身器材、村保洁队员队伍经费不足等问题。同时，我们还做了垃圾分类。还积极提议捐资助学，为河北村今年成立了教育基金，计划资助全村本科在读大学生每人每年4000元。

过去的3年，我们投入600多万元，开展了32个扶贫项目，率先在全县成立种养专业合作社。如今，“合作社+产业+贫困户”的模式，为河北村的脱贫攻坚奠定了坚实的基础。驻村10个月以来，很多深圳扶贫干部的感人事迹，深深地激励着我。驻村队长王斗丰、张宇超在村里摔伤了，一个打着石膏一边输液一边录数据，一个缝了6针继续奋战在田间地头，抢救被台风破坏的产业。帮扶干部都不是一个人在战斗。在我们身后，站着全力支持我们的组织和家人。驻村队长黄卓践，带着合作社到深圳参展，他所在单位的同事、他家人纷纷发动同事，都去购买扶贫产品。驻村队长卢大荣的妻子，3年来，坚持用日记记录卢队长的帮扶故事，感动身边的许多朋友。

打赢脱贫攻坚战是全面建成小康社会的底线任务。汕尾又是革命老区。目前，200多名深圳派驻汕尾的帮扶干部，正与当地干部群众风雨同舟并肩作战。我们坚信，这场脱贫攻坚战一定能够取得胜利！

继续走在全国前列，走出中国特色公益之路

国务院参事、友成企业家扶贫基金会副理事长　汤　敏

听了一上午扶贫案例和经验分享，我一直被感动着、震惊着和激励着。

为什么感动呢？企业、公益机构、扶贫先锋的扶贫故事让我十分感动。我震惊现在的企业都是拿最先进的技术，把最新科技创新运用到扶贫工作中来。我本身也是一个公益人，我们也在做公益。从今天的分享来看，我也是被激励，看到公益可以进一步发展的希望。

1985 年，邓小平提出“让一部分人先富起来”。30 多年过去了，很多人富起来了，很多地方富起来了，比如深圳这样的城市。

深圳的扶贫工作坚持党的领导、政府协调，企业和社会组织积极参与。企业和社会组织之所以能把扶贫工作做得这么好，和国务院扶贫办、民政部的顶层设计分不开，和深圳市委、市政府的支持和引导分不开。中国慈展会在深圳举行，说明深圳不单在科技方面能当排头兵，在公益发展领域、在慈善领域，我们也是排头兵，今天分享的所有的内容都证明了这一点。所以，我们作为公益人，也为深圳感到骄傲！

下一步我们就停留在目前的这种程度上吗？我想作为深圳人，你们是不会停下你们的脚步。2020 年脱贫了，我们还有防止返贫的工作，还有乡村振兴的工作，这些都需要我们再接再厉。未来的工作内容是越来越深、规模是越来越大、难度是越来越高。这就需要我们更上一层楼，把公益、扶贫做得更好。

那么，现在有没有问题呢？公益界还是有一些可以进一步改进的：

我们大部分的公益，包括我们的企业目前都还是大体上在单打独

斗。但是，中国这么大、有几十万个村子，你做了一个村子、做了十个村子、做一千个村子又如何？我们还是不够。另外，我们很多都是在重复劳动，很多的企业同样做教育、同样做村的发展，但是大家似乎都是在自己摸着自己的石头过河，在做很多重复劳动。下一步怎么办？我觉得中国的公益、深圳的公益，应该跳出过去单打独斗、小富即安的模式。跟企业比起来，他们一日千里，而我们的公益的投入效果还可以进一步提高。

公益界要联合起来做大事！为什么要联合起来？所有的扶贫问题不是一个问题，它不是解决一项问题，而是方方面面的综合解决，只有联合起来，才有能力做出一些事情来。

那怎么联合起来呢？要顶层设计，要合理分工，要联合各种组织，要资源共享。深圳应该继续走在全国的前列，继续发挥你们的排头兵的作用，希望在2020年的中国慈展会上，深圳把合作经验分享出来。“大凉山扶贫联合行动”已经提出，已经有一批机构提出来把大凉山当一个试点，还有提出来要“十大扶贫联合行动”，把卫生、教育等都结合起来。我希望深圳别只盯着几个扶贫点，要跟全国的扶贫机构、全国的企业联合起来，让中国公益，走出世界上其他国家没有走出的公益之路来，我们大家一起来努力。